婴幼儿托育服务与管理专业规划教材

杨晓萍　李姗泽　总主编

婴幼儿动作发展与指导

主　编：何孔潮　宋淑梦
副主编：齐　娜　甘婷婷　翟迎旭　唐义燕
　　　　冯媛媛　贾　佳
编　委：赵明月　林　娜　庞贝贝　李　雪
　　　　孟　悦　李　娜　徐新颖　刘雅楠

西南大学出版社
国家一级出版社　全国百佳图书出版单位

图书在版编目(CIP)数据

婴幼儿动作发展与指导 / 何孔潮, 宋淑梦主编. --
重庆 : 西南大学出版社, 2022.8
ISBN 978-7-5697-1395-4

Ⅰ. ①婴… Ⅱ. ①何… ②宋… Ⅲ. ①婴幼儿－早期
教育 Ⅳ. ①G61

中国版本图书馆CIP数据核字(2022)第141244号

婴幼儿动作发展与指导

YINGYOU'ER DONGZUO FAZHAN YU ZHIDAO

主　编　何孔潮　宋淑梦

总 策 划:杨　毅　杨景罡
执行策划:钟小族　张燕妮
责任编辑:鲁　艺
责任校对:张燕妮
装帧设计:闰江文化
排　　版:杜霖森
出版发行:西南大学出版社
　　　　　重庆·北碚　　邮编:400715
印　　刷:重庆紫石东南印务有限公司
幅面尺寸:185mm×260mm
印　　张:11.5
字　　数:225千字
版　　次:2022年8月　第1版
印　　次:2022年8月　第1次印刷
书　　号:ISBN 978-7-5697-1395-4
定　　价:46.00元

婴幼儿托育服务与管理专业规划教材

编委会

扫码获取本书教学资源

总序

0~3岁婴幼儿阶段是一个人生命中最快速发展的时期，亦是人生的重要奠基期。婴幼儿成长需要一个儿童友好社会，需要一个完整的社会教育架构，以保证每个家庭中的每一个孩子都能在其黄金三年得以健康成长。由此，架构一个完整的有利于婴幼儿健康成长的托育服务体系，并在高校培养相应的人才是中国教育体系刻不容缓的任务。

婴幼儿托育服务质量不仅关乎婴幼儿的健康成长，而且关乎人民群众的获得感、幸福感和安全感。近年来，国务院、教育部相继出台了一系列政策，对婴幼儿托育事业进行规划和布局。2017年10月，党的十九大报告明确提出“幼有所育”，并将其作为国家七大民生工程之首。2021年3月，《中华人民共和国国民经济和社会发展第十四个五年规划和2035年远景目标纲要》中特别强调“发展普惠托育服务体系，健全支持婴幼儿照护服务和早期发展的政策体系”。2021年12月，国家发展改革委等部门联合印发了《“十四五”公共服务规划》，指出“着力构建多元化、多样化、覆盖城乡的婴幼儿照护服务体系，积极引导社会力量举办托育服务机构……依法逐步实行婴幼儿照护工作人员职业资格准入制度”。

构建规范普惠的婴幼儿托育服务体系对于改善我国人口结构、积极应对人口老龄化、保持我国人力资源禀赋优势等方面具有重要意义。尽早研究、大力发展婴幼儿托育服务体系，建立健全相关的政策制度设计，是事关国家发展与安全、关乎国计民生的重要任务，这离不开大量高素质专业人才作为支撑。目前，我国托育服务从业人员队伍建设主要存在数量不足、人员素质参差不齐、托育服务人才培养和培训体系尚未形成等短板，应拓宽培养培训渠道，着力建设一支品德高尚、富有爱心、敬业奉献、素质优良的托育服务人才队伍。

本套教材依据《职业教育专业目录(2021年)》，按照《托育机构设置标准(试行)》《托育机构管理规范(试行)》《托育机构保育指导大纲(试行)》等重要文件精神进行编写，涵盖了婴幼儿托育服务与管理专业主要基础课程和专业核心课程，共包含23本教材。在编写过程中力求创新，努力打造自己的优势和特色。

第一，充分体现医教融合，指向岗位实际需求。本套教材的编写团队由师范院校、医学院校和企业团队构成，积极促成高校、医院与早教机构联合开发应用型课程，共同聚焦“医教融合”托育服务新模式下的岗位核心能力，着力体现人才培养的前瞻性和适应性。

第二，结合工作流程制定项目学习任务，符合高职“三教”改革趋势。立足职业教育的类型特点和经济社会发展对技术技能型人才的需求，探索活页式新形态教材开发的思路和方法，是职业教育“三教”改革的重要内容。本套教材积极探索提高实践能力为引领的人才培养流程，对接职业岗位标准，将工作任务转化为项目，将专业知识与技能转化为岗位能力，以项目为纽带、工作任务为载体、工作过程为导向，构建教材内容。融合学校和企业人员，共同编写理实一体、书证融通的工作手册式、活页式新形态教材。

第三，体现岗位能力要求，让学习者提前了解真实工作应用场景。本套教材以学习者发展为根本，以学习产出为导向，关注实践性教学内容，重视解决工作实际问题。在内容设计上，以典型工作任务、案例为载体组织教学单元。立足真实工作情景，采用大量真实案例及拓展阅读素材，帮助学习者在了解基本理论的前提下，更好地面对、解决工作中遇到的实际问题。

第四，配备丰富教学资源，视频展示实操技能。本套教材在设计上注重实操性，通过操作视频、题库、案例集等数字资源，为学习者创设真实详细的任务情境，增强学习过程的综合性、趣味性、挑战性，使学习者在主动建构、合作共研的过程中获得新知、提升经验。此外，编写团队还重视教材的实用性和灵活性，打造“纸质教材+数字化教材”协同互补的新形态教材体系，以期提高教学实效。

本套教材的顺利付梓得益于所有参编人员的辛劳付出和西南大学出版社的积极协调与沟通。在此向参与此次编写活动的全体人员表达我们的敬意。同时，教材写作难免有疏漏或不足之处，我们将在教材使用中进一步总结反思，不断修订完善，恳请各位同行不吝赐教。

李姗泽

2022年7月

前言

0～3岁是人生发展的关键时期。儿童最初的智力是以感觉动作开始的，早期动作的发展水平在某种程度上标志着婴幼儿的心理发展水平。动作是婴幼儿认识世界的重要手段，是婴幼儿的认知发展、社会交往的起点。为此，应重视婴幼儿期的动作发展研究。

《婴幼儿动作发展与指导》是托育与早教机构等从业人员必修的一门课程。本教材共有六个项目，包括项目一：婴幼儿动作发展概述；项目二：0～1岁幼儿动作发展训练；项目三：1～2岁幼儿动作发展训练；项目四：2～3岁婴幼儿动作发展训练；项目五：婴幼儿动作发展评价；项目六：婴幼儿动作发展障碍与调适。本教材在编写过程中力求创新，形成独特的优势与特色。

第一，采用项目式体例进行编写。教材适应职业教育项目学习、案例学习、模块化学习等不同学习方式的要求，注重以真实生产项目、典型工作任务、案例等为载体组织教学单元。按照融媒体教材形式建设，在教材中配备音视频、拓展阅读等二维码资源。

第二，反映当前婴幼儿托育与早教学科的发展趋势。教材遵循婴幼儿动作的发展规律与年龄特点，契合托育或早教专业学生的知识和能力需求。同时，教材结合婴幼儿动作训练的活动性质及婴幼儿照护活动的实践要求，尽可能地反映当前婴幼儿动作发展训练的基本规律和科学理念。

第三，通俗易懂的理论知识结合实际操作的技能训练。具体的游戏活动与典型的教育教学案例，一方面有利于学生理解相关章节的理论知识，另一方面也为学生的技能训练提供实际参照。

本教材编写团队包括婴幼儿托育服务与管理、早期教育、学前教育等专业的高校教师,教科研机构工作者和婴幼儿照护机构资深从业人员等。全书总体框架、章节纲要及统稿由何孔潮、宋淑梦负责。各章节编写人员为:项目一:赵明月;项目二:齐娜;项目三:翟迎旭、庞贝贝;项目四:林娜、李雪;项目五:宋淑梦;项目六:甘婷婷。冯媛媛、贾佳、孟悦、李娜等提供了丰富的教材编写素材,如图片、案例、视频等。唐义燕、徐新颖、刘雅楠参与了全书内容的统稿及整理校对工作。

本书在编写过程中,参考借鉴了学界的相关研究成果,在此,谨向相关作者表示感谢!由于资料来源多样,有些作者无法联系,未能在文中一一注明,不周之处,敬请谅解。同时,囿于编者水平和编写时间有限,本书中难免存在一些不妥之处,恳请使用本书的师生和读者提出宝贵建议,以便于我们在修订时完善。

编者

2022年6月

目录

项目一

婴幼儿动作发展概述

项目目标

1. 理解不同阶段婴幼儿动作发展的类型、规律。

2. 能根据婴幼儿动作发展的影响因素分析培养途径。

3. 正确认识婴幼儿动作发展的意义，树立科学的育儿观。

学习重难点

学习重点：

1. 理解婴幼儿的动作发展类型、规律。

2. 根据婴幼儿动作发展的影响因素分析培养途径。

学习难点：

根据婴幼儿动作发展的影响因素分析培养途径。

思维导图

- 婴幼儿动作发展概述
  - 任务一 结合动作发展规律，分析婴幼儿不同类型动作的发展特点
    - 婴幼儿动作发展的基本规律
    - 婴幼儿不同类型动作的发展特点
  - 任务二 讨论婴幼儿动作发展的意义及影响因素
    - 婴幼儿动作发展的意义
    - 影响婴幼儿动作发展的因素
  - 任务三 分析婴幼儿动作发展途径
    - 婴幼儿动作发展途径
    - 婴幼儿动作发展训练的注意事项

任务一

分析婴幼儿不同类型动作的发展特点

任务描述

动作发展由神经系统、肌肉协调控制，主要包括行走的动作、手的抓握能力和动作技能的提高和改善。对于0～3岁婴幼儿的发展来说，动作的发展至关重要，深入理解婴幼儿动作发展的规律，有助于照护者树立科学的教育观念，科学地组织教育活动。

任务准备

婴幼儿动作发展案例、婴幼儿动作发展记录表以及婴幼儿大动作发展顺序表等。

操作流程

工作表单1

小组讨论

婴幼儿有不同类型的动作发展。小组讨论：婴幼儿有哪些类型的动作，各有什么发展特点？

动作类型	发展特点

工作表单2

案例分析

轩轩洗澡记[1]

观察目的：辨别婴幼儿肢体动作的两大类型

观察对象：轩轩（9个月）

观察时间：2021年11月5日

1.案例改编自：韩映虹.婴幼儿行为观察与分析[M].上海：上海科技教育出版社，2017.

观察内容：妈妈将轩轩平放在床上给他脱衣服，对他说："我们要准备洗澡了，先把小衣服脱掉，好吗?"轩轩微笑着看着妈妈。妈妈在给轩轩解衣服上的扣子时，轩轩很安静地躺着，但是等到解完扣子，准备脱的时候，轩轩开始动来动去，并想翻身。这时候，妈妈给了他一个彩色的手摇铃，这吸引了他的注意力。轩轩拿着手摇铃在面前玩，先是两只手抱着放嘴里尝了一下，然后用右手拿着摇了几下。妈妈将轩轩的衣服和纸尿裤脱完后，抱起他向浴室走去，轩轩的手摇铃掉在了床上。到了浴室，妈妈将轩轩放进浴盆。轩轩坐在浴盆里，看到水里漂着的小乌龟洗澡玩具，使用左手手指拿起来递到了右手，接着放在了嘴里。之后转身跪坐起来，双手抓着浴盆的边沿，一条腿站了起来，接着又支撑着另一条腿站了起来。妈妈让他坐下，并给了他一本洗澡书。轩轩两手抱着书放进了嘴里，使劲咬了几下，然后翻了几页，就扔到了水里，东看西看地找其他东西。突然，他看到了旁边凳子上放着的小鸭子，他抓起小鸭子并捏了捏它的肚子，这时候奶奶进来了，一边叫着轩轩，一边伸出双手，轩轩转向奶奶一边，张开双臂开心地笑着，接着被奶奶抱进了卧室。

分析材料中轩轩哪些行为是粗大动作？哪些是精细动作？

工作表单3

分析材料

根据下表，总结婴幼儿动作发展的规律。

动作内容	年龄	动作发展
抬头	1个月	略抬头
	2个月	45°
	3个月	90°
	4个月	180°
翻身	3个月	侧翻
	4个月	仰–俯
	5个月	俯–仰
	6个月	连滚

动作内容	年龄	动作发展
坐	1个月	扶坐背脊呈半圆
	3个月	扶坐腰呈弧形
	4个月	坐时头不后垂,身体摇晃
	5个月	靠背坐
	6个月	前倾坐
	7个月	直背坐
	8个月	动态坐
爬行	2个月	踢腿动作
	3~4个月	上臂支撑起身体
	6个月	腹爬
	8个月	手膝爬行
	10个月	手足爬行
站立和行走	5~6个月	扶两腋可跳跃
	8个月	可扶站
	10个月	搀扶走几步,靠墙站立
	11个月	独站
	12个月	独走几步
	15个月	能自如行走
跳	24个月	向前跳一步,原地跳跃
	36个月	用一脚跳跃障碍物
	30个月~42个月	单脚连续跳1~3下

婴幼儿动作发展的规律:

任务分析

此次任务共有三个工作表单,需要学生根据学习支持的内容并查阅相关资料完成。任务内容主要包括总结婴幼儿动作的类型、发展特点及规律。教师需要根据教学任务和学生已有知识经验选择或设计出能有效促进学生学习的教学方案。

学习支持

动作是人类适应环境的重要手段,在个体的生存与身心发展中具有重要作用。婴幼儿早期有两种身体活动,一种是人类进化过程中遗传下来的一系列反射动作，如吸吮、觅食、抓握等，利用这些反射动作，新生儿与陌生世界取得了最初的平衡；另一种是一般性的身体反应活动，如踢腿、挥动手臂、扭动躯干等，这是婴幼儿自发的动作。婴幼儿的动作是在脑和神经中枢、神经、肌肉控制下进行的，因此婴幼儿动作的发展与大脑、神经系统和肌肉等的发展密切相关。

一、婴幼儿动作发展的基本规律

婴幼儿身体的发展有先后顺序，动作的发展也表现出一定的时间顺序。婴幼儿动作发展是有客观规律的，每个人动作发展的顺序大致相同，时间也大致相近。具体来看，其规律表现在以下几个方面。

（一）从整体动作到局部动作

婴幼儿最初的动作是全身性的、笼统的、弥漫性的。之后，婴幼儿的动作逐渐分化，向着局部化、准确化和专门化的方向发展。比如新生儿哭闹时是全身手脚乱动，过一个阶段再哭闹时，他会有丰富的脸部动作；婴幼儿一个月时，用一块手帕盖在他脸上，他会全身乱动，八个月时再用手帕盖在他脸上，他会用手拉掉，而身体其他部位不动。这种发展趋势可称为“整局规律”。

（二）从上部动作到下部动作

婴幼儿动作的发展，先从上部动作开始，然后到下部动作。半个月内的婴幼儿，双眼协调动作就已经出现。上肢动作发展早于下肢动作。最早发展的动作是头部动作，其次是躯干动作，最后是脚的动作。婴幼儿最先学会抬头，然后是俯撑、翻身、坐和爬，最后学会站和走。动作的发展总是依照抬头—翻身—坐—爬—站—行走的顺序进行的，这种趋势也表现在一些动作本身的发展上。例如，婴幼儿学爬行，先是依靠手臂匍匐爬行，然后才逐渐运用大腿、膝盖和脚来爬行，这种发展趋势可称为“首尾规律”。

（三）从中央部位动作到边缘部位动作

婴幼儿最早出现的是头的动作和躯干的动作，然后是有规律的双臂和腿部动作，最后才是手的精细动作。即靠近头部和躯体的部分先发展，然后是远离身体中心部位动作的发展，比如，婴幼儿看见物体时，先是移动肩肘，用整只手臂去接触物体，然后才会用腕和手指去接触并抓取物体。这种从身躯的中央部位再到远离身躯中央的边缘部位的发展规律，即“近远规律”。

（四）从大肌肉动作到小肌肉动作

动作可以分为粗大动作和精细动作。婴幼儿生理的发展是先从大肌肉开始，然后延伸到小肌肉。大肌肉动作常常伴随强有力的大肌肉的伸缩和全身运动神经的活动，以及肌肉活动的能量消耗。精细动作是指小肌肉动作，如吃、穿、画画、剪纸、玩积木、翻书、穿珠子等。从四肢动作说，是臂和腿的动作先发展，以后才逐渐发展起手和脚的动作。比如，婴幼儿先是用整只手臂和手一起去够物体，以后才会用手指去拿东西。这种发展趋势可以称为“大小规律”。

（五）从无意动作到有意动作

婴幼儿最初的动作是无意的，以后越来越多地受到有意的支配。比如，初生婴幼儿已会用手紧握小棍，这是无意的、本能的动作，几个月以后，婴幼儿才逐渐能够有意地、有目的地去抓物体。婴幼儿的动作最初是从无意动作向有意动作发展，以后则是从以无意动作为主向有意动作为主的方向发展，这种发展趋势可以称为“无有规律”。

二、婴幼儿不同类型动作的发展特点

0～3岁婴幼儿动作发展类型主要有无条件反射性动作和随意动作。

（一）无条件反射性动作

无条件反射性动作是指婴幼儿与生俱来的先天性反射动作。个体最初的动作是一系列先天的无条件反射，新生儿借助无条件反射实现与所处环境的平衡，从而维持生存。比如抓握反射、吸吮反射、觅食反射、拥抱反射、踏步反射、游泳反射等，这些无条件反射动作为婴幼儿的随意性动作发展打下基础。

1.抓握反射

抓握反射也称为握持反射、达尔文反射。当轻触婴幼儿手掌时，婴幼儿会立即紧握拳头。将食指或者其他物体放在婴幼儿掌心，婴幼儿会立刻抓紧手指或物体，此时婴幼儿还能借助抓握的力量使自己的身体被提升在空中并停留几秒钟。婴幼儿一般在第1个月常紧握拳头，此后逐渐减弱，在4～6个月之间渐渐消失，然后开始学习抓、握、捏等精细动作的运用。从婴幼儿出生后的下半年开始，手的动作有了进一步的发展，主要表现在两个方面。第一，逐步学会拇指与其余四指对立的抓握动作，这是人类操作物体的典型方式。因为这样，人才能根据对象的特点去拿它，手才能灵活运动。随着这种操作方式的发展，手才有可能从自然的工具逐步变成使用或制造工具的工具，才能随心所欲地进行各种精细动作。第二，在抓握动作过程中，逐步形成眼和手的搭配使用，即视觉和动觉联合的协调运动，从而发展了婴幼儿对隐藏在物体当中的复杂属性和关系进行分析、综合的能力。

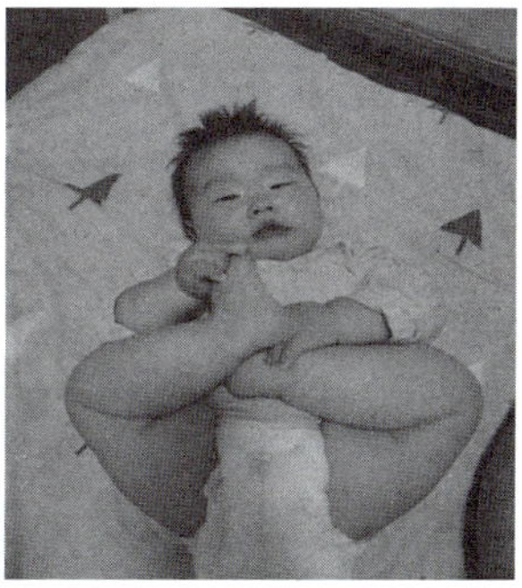

图1-1　抓握反射

2.吸吮反射

当用乳头、手指或其他物体碰新生儿口唇时，会相应出现口唇及舌的吸吮动作，这是人类最早的协调动作之一。吸吮反射是最强的反射之一，当新生儿开始吸吮时，其他活动都被抑制。此反射约持续到3～4个月时消失，但夜间可持续至1岁。吸吮反射是判断婴幼儿身体是否正常发育的重要指标，会影响到其以后进食方面的发展。吸吮反射与寻乳反射为配套的反射反应，一定要能在寻乳后有吸吮的动作，才能真正达到喝奶与补充营养的效果，否则，奶瓶或乳头放到婴幼儿嘴巴里了，婴幼儿也不会有吸吮的动作。婴幼儿无法以吸吮的方式获得食物，除了神经发展可能有问题外，吸收营养的方式与量也将出现障碍。

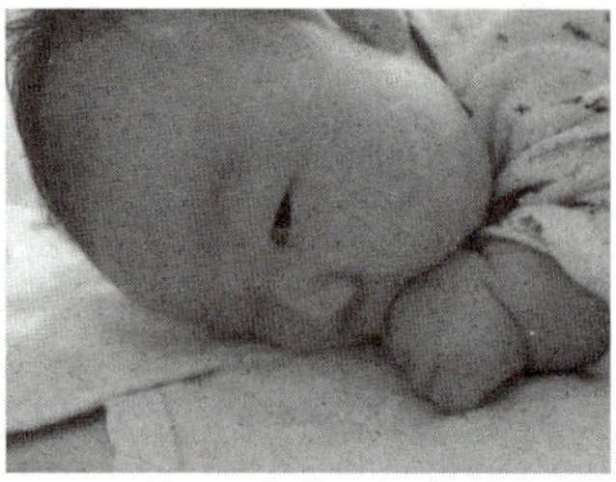

图1-2　吸吮反射

3. 觅食反射

婴幼儿转头至受刺激侧，并张口寻找乳头。将婴幼儿头部置中，手放在前胸，以食指轻压口周围皮肤，分别触在口角及上下唇的中央位置，婴幼儿会张口并转头至刺激侧，上唇受刺激时头部会后仰，刺激下唇时下巴会垂下。当把乳头或其他物体放置在婴幼儿嘴唇边时，婴幼儿会做出张嘴和吸吮的动作。此反射会持续到3～4个月，此后会逐渐减弱并消失。觅食反射是判断婴幼儿脑部发育是否正常的重要指标。

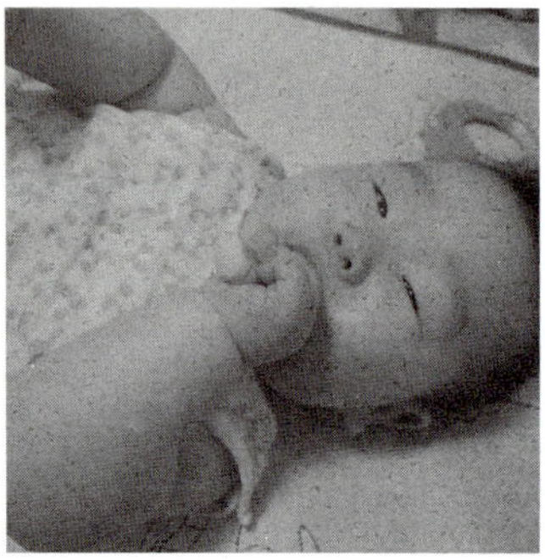

图1-3　觅食反射

4. 拥抱反射

拥抱反射是一种原始的生理性神经反射，是婴幼儿最具防御性的反射。1～2个月的婴幼儿，当成人走到他们身边或者突然受到刺激时，如体位改变、震动、发出声响等，会出现两臂外展伸直，继而屈曲内收到胸前，呈拥抱状。很多成人以为婴幼儿是要抱，其实这只是婴幼儿的一种生理反应，在医学上被称为“拥抱反射”，是新生儿的正常动作。此反射在4～6个月时消失。

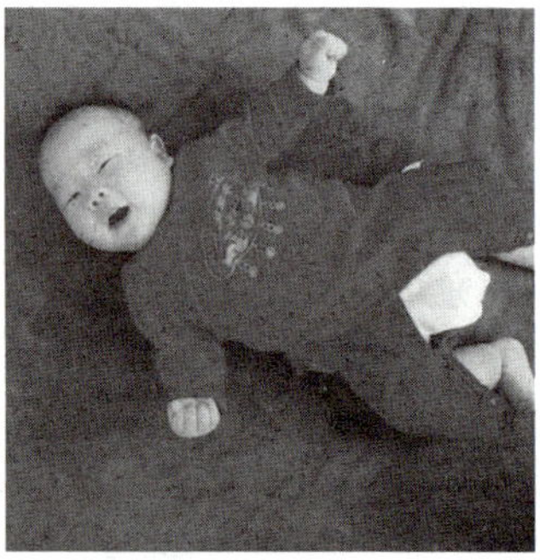

图1-4　拥抱反射

5. 踏步反射

踏步反射是婴幼儿的一种原始反射，又叫作迈步反射。刚出生几分钟的婴幼儿就想要尝试走路，这种现象叫作“踏步反射”，大多数婴幼儿刚出生的时候都会有这种本能的反应。一般情况下，如果把婴幼儿竖直抱起，使其双脚放在平面上，他们的髋关节和膝关

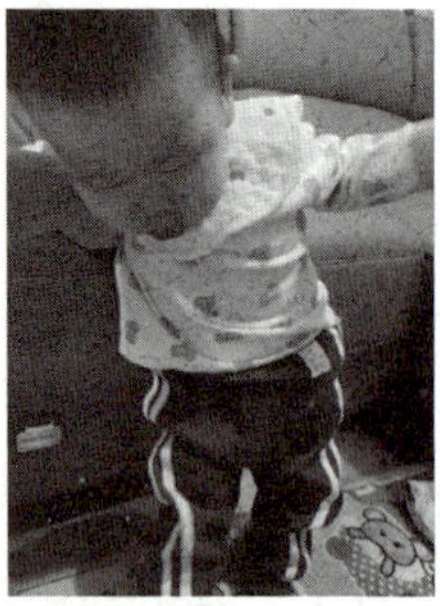

图1-5　踏步反射

节便会弯曲，双脚也会因为受到刺激踩住平面，进而会缓步向前，产生几个连续的步伐运动。一般来说，踏步反射现象会在婴幼儿刚出生不久发生，2个月后便会自然消失。

6.游泳反射

游泳反射又称潜水反射，是新生儿无条件反射的一种。把新生儿俯卧在水里，他就会用四肢做出类似游泳一样协调的动作。4～6个月后，此反射将逐渐消失。满6个月以后，如果再这样把婴幼儿放在水里，他就会挣扎活动。直到8个月以后，婴幼儿才拥有有意识的游泳动作。

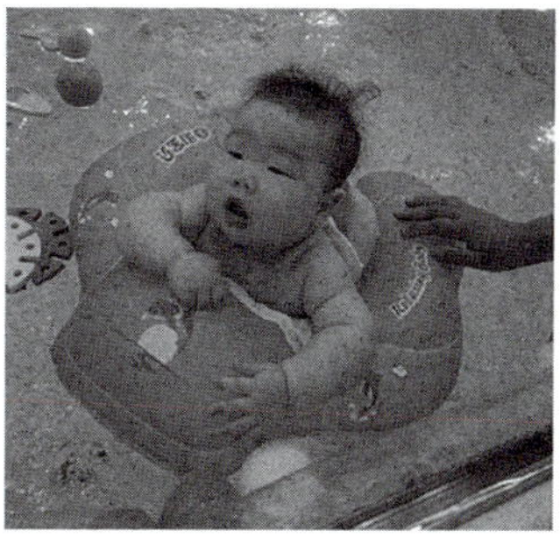

图1-6　游泳反射

（二）随意动作

随意动作是在神经系统的调节下，由人的主观意识控制和调节、具有一定目的和指向的动作。它是个体后天学习得来的复杂的机能系统，属于条件反射的性质，例如穿衣、吃饭、走路等。随意动作是意志行动的基础，没有随意动作，意志行动就无法实现。一般将婴幼儿的随意动作发展分为粗大动作的发展和精细动作的发展。其中粗大动作又叫大肌肉动作，是大肌肉或大肌肉群所完成的随意动作，常伴有强有力的大肌肉收缩、全身运动神经的活动以及肌肉活动的能量消耗。粗大动作主要包括颈部、躯干和四肢等大肌肉幅度较大的动作，决定着婴幼儿的抬头、翻身、坐、爬、站立、行走、跳跃、四肢活动以及躯体协调平衡等各种运动能力。精细动作又叫小肌肉动作，是由小肌肉所完成的随意动作，一系列小肌肉动作构成了协调的小肌肉运动技能。精细动作主要是指手的动作以及手眼协调，包括抓握、把弄、握笔、搭积木、书写、绘画和劳作等动作。

1.粗大动作的发展

婴幼儿控制大肌肉和小肌肉的能力不断改善，躯体动作会有明显的发展。

抬头是通过颈椎的活动而产生的一种肢体动作，也是婴幼儿要学习的技能。在婴幼儿出生后约两三周时，力量增加了，在俯卧位时能够将头抬离支撑，并能够将头转向旁边；1个月以后，婴幼儿在俯卧位时能保持头部抬高达几秒钟；2.5个月左右，婴幼儿在俯卧时不仅能抬起头部，而且使胸部抬离支撑面；4～5个月，婴幼儿能够将手臂伸直支撑在支撑面上托起头和胸部；6个月以后，婴幼儿才能把头抬离支撑面。总之，婴幼儿抬头是肌肉和协调能力正常发育的重要指标，为接下来的翻身、坐、爬、站等打下坚实基础。

翻身是婴幼儿做出的第一个移动动作。婴幼儿第一个翻滚的动作大约在2～3个月的时候发生，可由侧卧翻滚为仰卧位；4个月，能从仰卧位翻滚为侧卧位；5～6个月婴幼儿在躯干不旋转的情况下可由仰卧位翻滚为俯卧位，而由俯卧位翻滚为侧卧位还需要再等几周之后才能完成；7个月以后婴幼儿才能伴随躯干顺利翻滚。翻身对于婴幼儿来说是一次巨大的飞跃，它标志着婴幼儿的身体机能和智力的发展迈上了一个新的台阶。

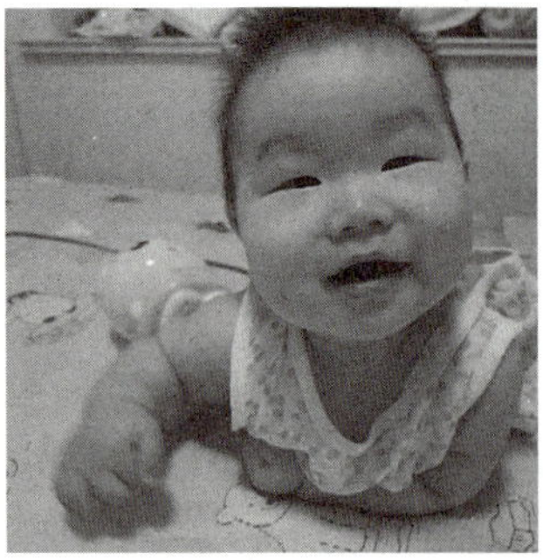

图1-7　抬头

按照“三翻六坐七八爬”的规律，多数婴幼儿会在3个月左右开始学翻身，但婴幼儿翻身的时间因人而异，翻身的状况也是由多方面因素所决定的。有的婴幼儿在3个月之前翻过一次之后再也不翻了，直到隔了很长时间才又继续翻；还有的婴幼儿因为被突然翻过去的状态吓了一跳，之后就有点“懈怠”了；有的婴幼儿会省略掉翻身，直接就开始能坐或是能站了；也有的婴幼儿能站立之后才开始学翻身；还有的婴幼儿因为太胖而翻身困难……因此，婴幼儿不会翻身并不一定代表他的身体发育和行为发展出现了障碍，成人要谨慎、科学地对待。

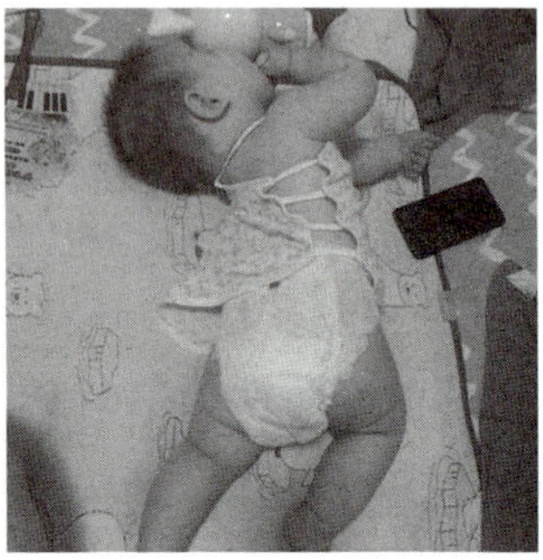

图1-8　翻身

爬行是婴幼儿在大运动发育过程中的一个非常重要的阶段。这是婴幼儿首次离开成人，主动移动自己的身体去观察、探索和认识世界。婴幼儿会在出生后5～6个月为爬行做准备；大约7～8个月的时候，婴幼儿已经具备了爬的能力，这个时期是婴幼儿学习爬行的关键期。开始，婴幼儿通常爬行得很缓慢，并且每次只移动一侧肢体（手臂或者腿）。在早期的爬行动作中，也可观察到婴幼儿由于肌肉强度不足导致的脊柱前凸。随着对躯干和腿部的控制逐渐增加，婴幼儿能保持后背平坦地快速爬行。爬行能够促进婴幼儿空间感和空间知觉的发展；可以刺激婴幼儿内耳或中庭系统，促进婴幼儿身体协调性的发展；可以扩大婴幼儿的视野范围和活动范围，为婴幼儿提供主动探索和独立尝试的机会。

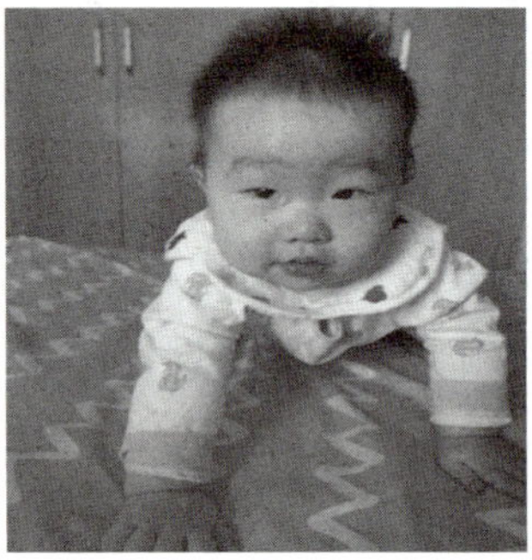

图1-9　爬行

有些婴幼儿没有经过爬行就学会了走路，成人误认为这是孩子发育好、聪明的表现。其实不然，婴幼儿如果爬行少或没有经历爬行，可能会出现身体的上半部和下半部不自觉地对抗，也容易发生感觉统合失调。例如，视觉和听觉不协调、视觉和动作不协调、听觉和动作不协调等。统计表明，3～13岁儿童中，有10% ~ 30%的儿童存在感觉统合失调症状，表现为不同程度的注意力不集中、平衡能力差、易摔倒、胆小、内向、手脚笨拙、爱哭、脾气暴躁、不易与人沟通等。这些感觉统合失调的儿童中，90%以上没有经历爬行阶段或爬行时间很短。因此，儿童保健专家呼吁，为了儿童的健康成长，一定要让儿童多练习爬行，爬行是目前国际公认的预防感觉统合失调的最佳手段。

图1-10 坐立

坐是继婴幼儿翻身之后的另一个具有标志意义的基本动作，会坐以后，婴幼儿活动范围会更大，对于婴幼儿触觉和感知觉的发展也具有重要的意义。虽然婴幼儿出生时就可以扶着坐，但真正能够独立坐着则要等他能控制头部以后才能实现。在获得头部和躯干的控制之后，婴幼儿借助手臂的支撑，大约从第4个月开始，颈部和头部肌肉开始迅速变得强壮，不仅趴着的时候能把头抬起来，甚至能够用胳膊撑起身体，使胸部离开地面。到5个月时，婴幼儿可以初步坐着，通常会靠着椅背或沙发呈现半躺半坐的姿势，身体微微向前倾，并以双手在两侧辅助支撑。从6个月左右开始，婴幼儿开始学习独立的坐姿，能够更加稳定地独立坐着，但有时会倒向两边，需要大人帮他才能重新坐起来。7个月左右时，婴幼儿就能自己坐稳或从趴位自己坐起来了。坐着时还可以腾出双手来做其他的事情，如扭转身体去拿自己想要的东西。到了8 ~ 9个月时，婴幼儿的坐姿基本没有问题了。

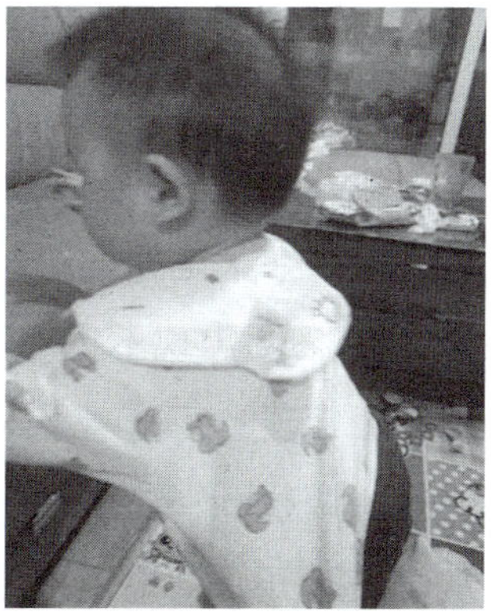
图1-11 站立

站立是人类生命中的一个重要里程碑，而且是很多后来出现的动作技能的基础。如行走、跳跃等，都依赖站立的姿势。站立是走的前驱期，婴幼儿在学会了站立和行走之后，其活动力会比之前增加好几倍。同时，站立不仅标志着婴幼儿运动机能的发展，也是婴幼儿智力发展的重要条件。当婴幼儿能够站起来时，他的视野更加广阔，探索的欲望更加强烈，尝试的机会更多。因此，站立有利于婴幼儿感知觉、注意、记忆、思维等多方面的发展。在4 ~ 5个月时，婴幼儿能够更好地控制姿势并增加肌肉的强度，在扶着站立时，能够承受更多的体重并且保持躯干直立；在8个月左右，婴幼儿能够将自己从坐位拉到站立位（拉站）；在10 ~ 11个月左右，通常是在会行走之前的2 ~ 3周，婴幼儿可以不需要任何支持地独立站立，站的时间越来越长，站的姿势越来越稳。

行走是用双脚来移动位置的运动技能，是人类最重要的和最有意义的物种独特性之一。直立行走是人类独有的姿势，是人类在智慧上领先其他动物的第一步。行走对婴幼儿来说是动作发展的一个里程碑。行走正常，说明他的骨骼、肌肉发育以及平衡、协调能力都是正常的。而且，行走使婴幼儿的躯体移动从被动转为主动，活动具有了一定的主动性。同时，直立行走解放了婴幼儿的双手，并使婴幼儿的眼、手配合的动作大大增加，这对婴幼儿的脑发育和认知发展都有着良好的促进作用。

图1-12　行走

一般来说，1岁左右的婴幼儿基本上能开始蹒跚独步。但也有些婴幼儿直到16个月才能自己走。11～16个月会走都属于正常现象。14个月左右的婴幼儿可以熟练走路，能够蹲下再起来，有的甚至能够倒退一两步拿东西。15个月左右的婴幼儿可以自由地行走，而且大部分婴幼儿都能够走得比较熟练，他们喜欢边走边推着或拉着玩具玩。18～24个月的婴幼儿能够用脚尖走步，但不稳。2～2.5岁的婴幼儿行走能力有了很大进步，他们能向不同方向走、曲线走、侧身走，还能上下楼梯，有些婴幼儿还能倒退行走，但步伐不稳，容易摔跤。

总之，在婴幼儿期，经过教育和反复的练习，婴幼儿能逐渐自由地摆动双臂、上体正直、自然地行走，而且逐步学会有节奏地行走，学会协调上下肢、按口令行走。进入婴幼儿后期，婴幼儿能步伐均匀地和其他小朋友整齐行走，或听口令变换行走方向。在学走路的时候，由于下肢尚未发育完全，所以容易出现不正确的走路姿势，但大多数都属于正常现象。随着婴幼儿逐渐成长，大多会慢慢自行调整，恢复正常的走路姿势。如果婴幼儿从学走路开始就出现跛行，可能是单侧髋关节脱位，需要马上去医院检查。

图1-13　跑

3岁以内婴幼儿的跑实际上是在走的基础上，加大步伐和频率的一种行动方式。婴幼儿最初的跑只是一种速度较快的走，上下肢不协调，姿势也不正确，且不能有效地控制自己。跑也是婴幼儿智能发展的标志之一。跑意味着婴幼儿四肢肌肉、腰腹肌肉的力量和身体爆发力的进一步增强，意味着婴幼儿可以提高运动速度，并能够参与到年龄较大的婴幼儿的玩耍中。跑还能刺激婴幼儿前庭器官的发育，促进婴幼儿感觉统合功能的发展和平衡能力的提高。

婴幼儿在13～18个月时开始学会跑，但是步伐和节奏都不均匀，上下肢动作也不够协调，只是近似于一种快步走。2岁左右的婴幼儿开始喜欢到处跑，也能较好地控制自己的身体平衡。经常有机会练习上下楼梯的婴幼儿，到了这个年龄开始能够独自上下楼，能够迈开较大的步子奔跑，还可以追逐跑、绕开障碍跑等。3岁以后儿童逐渐学会两臂屈肘放在身体两侧，运用正确的姿势跑，或控制自己，走、跑交替进行。此后逐渐能上下肢协调，用脚掌前部着地跑，或听从口令改变跑的方向，而且不和其他小朋友或物体相撞。

让婴幼儿进行跑的练习时，成人可以先牵着他们的手跑，面对面牵手、侧面牵手都可以。但注意不要用力拉着婴幼儿的手，应尽量让婴幼儿自己掌握平衡，然后逐渐放开婴幼儿的手，让他自己跑。跑的练习还包括让婴幼儿练习自动放慢脚步平稳地停下来，这样才算真正学会了跑。成人可以用口令让婴幼儿学会渐渐放慢步子停稳，还可以通过追逐某个移动的目标(例如皮球、小动物等)，让婴幼儿学习停下脚步。

图1-14 跳

0～3岁婴幼儿的跳表现为双脚离开地面，身体向上腾空的动作。19～24个月的婴幼儿，开始能在原地做并足跳跃动作，还可以向前跳等。2.5岁时，婴幼儿能单脚原地跳，还能从楼梯最低的一级跳下。2.5～3岁时，能双脚离地腾空连续跳跃2～3次，能跨越一条矮的平衡木。3岁左右的婴幼儿能双脚交替上下楼梯，还能并足跳远。婴幼儿在蹦跳时，容易失去平衡而摔倒，成人一定要注意适当地给予保护，也要创造条件让婴幼儿发展跳跃技能。在婴幼儿期逐渐学会各种形式的跳，如原地向上跳、向前或向下跳、跑跳、跳高等。最初往往是成人拉着手才能跳，逐渐能够自己做出各种跳的动作。到6～7岁时，儿童能够跳过30～40厘米的高度，而且学会了跳绳和跳橡皮筋，并且可以学会钻爬、攀登、走平衡木等技能，能够灵敏、协调地做出各种动作。

警惕:学步车的危害

2. 精细动作的发展

1个月左右的婴幼儿，只要触碰掌心，他就紧握拳，这是最初的抓握反射。3～4个月时，大部分婴幼儿能够抓握东西了。但更多的是一种本能的抓握：没有目标没有方向，偶然接触到什么就抓什么；手指配合不当，拇指和其余四指方向一致，整只手弯起来，好像一个大钩子，无论什么物体，都一把抓；手的动作不能同视线协调起来，看见眼前的物体，伸出手却抓不准；只能够抓住中等大小的物品，抓不住小物品。直到5~6个月以后，才能五指分化、手眼协调地抓住小物体。此后，手的控制更加精确。15个月时，通常能够搭起两块积木；3岁多，婴幼儿能够照着图片搭出一个圆圈，能在老师的帮助下穿脱衣服鞋袜；到了5岁，便可以独立地、有次序地穿脱衣服，并可以将衣服整理好放在固定的地方；到了6岁，儿童不但能够迅速地穿脱衣服，还能够系鞋带。总之，经过教育和锻炼，婴幼儿双手动作迅速发展起来，他们可以灵活有效地从事各种活动。

婴幼儿期的动作，不论是躯体动作还是双手动作，都有明显的发展，但两者相比，双手动作的发展要比躯体动作较迟较慢。这是因为婴幼儿手腕、手指的小肌肉群的发展比较慢，需要较长的时间才能达到随意控制的程度，所以教师不能过早或较长时间地让婴幼儿做小肌肉动作，但要有计划地对婴幼儿的双手动作进行训练。

表1-1　0~3岁婴幼儿精细动作发育的关键年龄

关键年龄	精细运动
5个月	主动用手抓物
7个月	可用拇指及两个手指握物，可将积木在双手间传递
9个月	拇指与其他手指相对
12个月	能用拇指与食指捏较小的物体
15个月	能搭2~3块积木，全手握笔，自发乱画
18个月	能搭3~4块积木，几页几页地翻书，用小线绳穿进大珠子或大扣子孔
24个月	能搭6~7块积木，模仿画垂直线
30个月	能搭8~9块积木，模仿画水平线和交叉线，会穿裤子、短袜和便鞋，解开衣扣
36个月	能搭9~10块积木，能临摹“0”和“十”字；会穿珠子、系纽扣，向杯中倒水

资料链接

不同文化中的动作发展[①]

在儿童抚养中，文化不同也会影响其动作发展。如果问父母这些问题：坐、爬和走是否要刻意地鼓励？文化的不同会影响回答。如日本母亲会认为这是不必要的，在墨西哥的印第安人中也不鼓励快速移动，认为孩子还不太了解火和织布机之前学会走步是危险的。而在肯尼亚和牙买加，孩子学会抬头、独自坐和走路的时间要比北美的孩子早，因为这两个国家的母亲会教给孩子这些技能。刚开始的几个月中，不断锻炼孩子用脚蹦跳可以促进孩子学走路，这说明锻炼可以让孩子长得更强壮、更健康，身体上更有吸引力（Hopkin&Westre，1988）。

① 李燕，学前儿童发展心理学[M].上海：华东师范大学出版社，2008.

任务评价

任务名称	评价内容	评价等级				
		优秀	良好	中等	合格	不合格
婴幼儿动作发展特点	理解婴幼儿动作发展的基本规律					
	掌握婴幼儿无条件反射动作的类型及特点					
	掌握婴幼儿粗大动作发展的规律及特点					
	掌握婴幼儿精细动作发展的规律及特点					

备注：请同学们根据自己对任务内容的掌握情况，在对应的等级打“√”。

推荐阅读

[1]麦少美，唐敏.0–3岁婴幼儿动作发展与教育[M].上海：复旦大学出版社，2011.

[2]周念丽.0～3岁儿童心理发展[M].上海：复旦大学出版社，2017.

[3]严仲连.婴幼儿动作发展与训练[M].重庆：西南师范大学出版社，2021.

[4]文颐，王萍.0–3岁婴幼儿保育与教育[M].北京：科学出版社，2015.

任务二

讨论婴幼儿动作发展的意义及影响因素

任务描述

婴幼儿动作发展作为最基本的发展，对其他方面的发展也起到了重要作用。正确理解婴幼儿动作发展背后的影响因素，有助于教师科学地进行教育活动，为婴幼儿的全面发展奠定良好的基础。

任务准备

婴幼儿动作发展意义、影响因素记录以及婴幼儿动作发展案例等。

操作流程

工作表单 1

小组讨论

全班以小组的形式讨论婴幼儿动作发展的意义，可以从生理、心理、社会和其他方面分别阐述并记录在下列表格中。

生理	心理	社会	其他

工作表单 2

小组讨论

全班以小组的形式讨论影响婴幼儿动作发展的因素，可以从自身、家庭和其他方面分别阐述并记录在下列表格中。

自身	家庭	其他

工作表单 3

分析案例

瑶瑶刚满月，妈妈担心孩子会长成“青蛙腿”，就用婴幼儿抱毯将瑶瑶的全身包裹了起来，然后再顺直包裹住她的双臂和双腿，捆成形如蜡烛的小包，俗称

“蜡烛包”。当瑶瑶开始吃自己的双手时，为了不让她吸吮手指，妈妈用手套紧紧地裹住她的双手。[1]

瑶瑶妈妈的做法对吗？为什么？

任务分析

此次任务共有三个任务表单，需要学生在查阅相关资料的基础上完成。任务内容主要包括婴幼儿动作发展的意义及其影响因素。教师需要根据教学任务的规律和学生已有知识基础设计出能有效促进学生学习的教学措施。

学习支持

一、婴幼儿动作发展的意义

（一）动作发展促进婴幼儿身体发育

儿童每一个阶段身体的发展都是通过动作完成的。婴幼儿活动时，特别是大肌肉活动，促进了全身新陈代谢，提高了心肺功能，血流加快，增强了骨骼和肌肉的营养，同时让关节有较好的灵活性。所以，活动与生长发育有着密切的关系，婴幼儿经常活动和坚持动作训练有助于身体健康。

婴幼儿在运动时，运动系统、呼吸系统、循环系统、消化系统等都在大脑和神经系统调节下，参与运动过程，增强呼吸肌的力量，增加肺活量，改善呼吸功能。运动促进血液循环和心脏的收缩能力，心脏得到充足的氧气和更多的营养物质，心血管系统的机能得到提高；促进消化系统的消化和吸收，保证婴幼儿需要的热能和各种营养素；肌肉保持正常的张力，并通过肌肉活动给骨组织以刺激，促进骨骼中钙的储存，促进骨骼的生长，同时使关节有较好的灵活性，韧带有较佳的弹性，增强运动系统的准确性和协调性，促进婴幼儿动作的发展，最终能完成各种复杂的动作；增强体内的免疫功能，当外界环境发生变化时，经常运动的婴幼儿能很快适应，而不经常运动的婴幼儿稍有不适就生病。

因此，婴幼儿从小就要经常运动，养成运动的习惯，增强体质，提高身体健康水平。经常运动的婴幼儿吃喝睡等生理机能都比较有规律，情绪饱满，比较

1.案例改编自：严仲连.婴幼儿动作发展与训练[M].重庆：西南师范大学出版社，2021.

容易适应新环境。

(二)动作发展促进婴幼儿智力开发

心理学理论证明了动作对婴幼儿认知发展的重要性。皮亚杰认为,动作是婴幼儿思维发展的起点,也能反映婴幼儿思维水平的高低。

动作的发展与中枢神经系统的发育也有密切的关系,影响大脑的发育过程。抬头能引起婴幼儿对周围环境更多的注意;翻身、爬行能扩大婴幼儿活动范围;坐起来就能发展手的动作,通过手进一步认识外界事物的属性,逐渐在手眼协调的基础上发展知觉和思维能力,获得生活所必需的技能技巧;会走是独立的开始,生活领域扩大了,活动增加了。比如,当婴幼儿能够依靠自己身体的力量拿到自己想玩的玩具、想吃的东西时,就开始对更多的事物进行探索。婴幼儿认识和适应周围的世界,都是依赖感觉与动作的互动经验,即依赖不同的视、听、触、味、嗅及平衡感官等与动作、行为的互动经验,同时也促进了婴幼儿语言思维的发展。因此,及时发展婴幼儿的动作,不断练习、丰富、提高动作技能,可以促进大脑在结构上的完善,从而为个体早期心理发展奠定良好的基础,有利于促进智力开发。

(三)动作发展促进婴幼儿良好情绪

情绪是个体对外部事物和内部需要的主观体验,它包括生理、表情和体验等多种成分。在婴幼儿学会说话前,他在“想”什么,我们是从他在“做”什么中了解的。婴幼儿用动作、表情、姿态表达自己的意愿,和成人进行交流。他双手高高举起表示要“起来”,双手向前伸是要成人“抱”,转过身就是表示“拒绝”。爬行、扶走、独立行走可使婴幼儿主动接近成人,参与成人的生活,满足了婴幼儿与成人接触、建立友好关系的愿望。因此,动作发展好的婴幼儿参加活动更积极,更加主动、自信,从而在身体成长、自我认知、社会认知及人际交往等方面获得更好的发展,而动作发展不好会从心理、生理等多方面阻碍婴幼儿的成长。

(四)动作发展促进婴幼儿良好的意志和品德形成

动作发展是培养婴幼儿基本品德的有效形式。意志是通过行动表现出来的。新生儿只有先天的运动反射,带有无意性。4个月左右,婴幼儿的行为出现了最初的有意性和目的性。比如,婴幼儿看见一个玩具,因为隔着一个物体而拿不到时,他会想办法把物体挪开,拿到玩具。1岁后,婴幼儿的意志行动特征就会更明显。由此可见,婴幼儿动作发展与意志努力也是密不可分的。他们在克服困难的同时,也进行了一次意志锻炼。发展动作还可以培养婴幼儿活泼开朗的性格。幼儿园常见一些体弱、胆怯的婴幼儿独坐一旁,当他们参加活动,掌握了动作要领后,就会慢慢增强信心,变得活泼自信起来。进入幼儿园以后,几乎所有体育类游戏均可以从不同的角度和程度培育婴幼儿的品德，如通过集体合作练习建立良好人际关系、培养团队精神；通过游戏和竞赛体验输赢，逐渐形成和提高抗挫折的能力；通过游戏及比赛培养婴幼儿遵守规则、尊重同伴与老师以及文明礼貌等品质。

（五）动作发展促进婴幼儿社会性交往能力的发展

随着动作能力的发展，婴幼儿与周围人的交往范围越来越广，从被动逐渐向主动转化。动作技能的发展可以引发婴幼儿语言交流和社会交往能力的发展。婴幼儿还不会说话时，他伸手指向某一物体，并做出抓握动作，表示“我想要”，这个过程促进了婴幼儿与周围人的交流和交往。许多心理学家都曾注意到婴幼儿开始爬行也会给其亲子依恋关系带来某种变化。当婴幼儿学会爬行，试图爬到“远”处去作一番探索时，他必然要失去与母亲身体接触建立起的安全感。为“找回”安全，婴幼儿必须发展起一些与母亲交流的新的形式，即学会接受和解释母亲的面部表情、声音、姿势等所传递的情感信息，只有这样，婴幼儿才能借此消除环境中不确定和不稳定的因素。爬行的技巧激起婴幼儿走向远处、探索环境的动机，这种动机推动婴幼儿发展起社会交流的能力并从中获得安全感。

二、影响婴幼儿动作发展的因素

婴幼儿动作发展的规律性不仅受其生理成熟水平的制约，同时早期的教养环境、个体差异和后天的学习和训练都在一定程度上影响着运动功能发展水平和速度。

（一）生理成熟

生理成熟是指婴幼儿心理发展所依存的内部生理条件，它是一种先天决定的、相对不依赖于环境的机体变化的生长发育。婴幼儿的生理成熟，特别是神经系统和内分泌系统的成熟状况，是其心理发展的必要条件，婴幼儿心理的发展就是伴随着生理成熟而逐步实现的。成熟是学习和训练的基础，只有在成熟的基础上进行学习或训练，才能取得成效。格赛尔著名的“双生子爬楼梯实验”表明：不成熟就无法学习，而学习只是对成熟起一种促进作用。成熟早期是婴幼儿开始学习和锻炼的最佳时期，效果最好；成熟中期开始锻炼要优于晚期。生理因素还包括父母亲的体型、智力，这些对婴幼儿动作的发展也有显著影响。一般而言，智商越高的婴幼儿动作发展越为迅速。在母亲怀孕期间，胎儿活动得越多，出生后动作发展得越迅速。

（二）家庭教养环境

教养环境对婴幼儿动作发展有重要的影响。家庭教养环境主要指父母的教养方式、教养态度和家庭物质环境。不同的教养方式会影响到动作发展的速度,照料婴幼儿的不同方式会造成动作发展的差异。父母的鼓励与模仿以及营养的均衡会促进婴幼儿动作的发展,但若父母亲过度保护,则会阻碍婴幼儿动作的发展。此外,家庭的物质条件对婴幼儿动作发展也有影响,条件较好的家庭(室内宽敞、平坦、安全、温度适宜)能够为婴幼儿提供较好的活动场地、训练的机会和器械,条件薄弱的家庭较少让婴幼儿自己在地上玩耍,以至于减少了婴幼儿练习爬行动作的机会,从而限制了婴幼儿动作的发展。

对婴幼儿动作发育训练情况的调查发现,成人帮助婴幼儿进行粗大动作训练要显著多于对手指精细动作的训练。如大多数成人有意识地训练婴幼儿抬头、翻身、坐、站和独立行走,但相对手指精细动作发展则关注较少。这表明成人对婴幼儿动作发展过程中手指精细动作的重视程度不够。同时,相关的调查结果表明,有相当一部分成人开始训练婴幼儿的月龄明显偏迟,比如,到6个月才开始训练小儿抬头、坐、翻身等,这反映出成人对婴幼儿正常的动作发育进程认识不足。此外,相关调查显示有近一半的成人选择用学步车帮助婴幼儿行走。国外已有大量研究证明学步车非但不能帮助婴幼儿行走,而且会在一定程度上阻碍婴幼儿对独立行走能力的掌握。

针对这些情况,作为成人或者监护人,应该多了解婴幼儿的天性,让他们喜爱运动的天性得到积极展现。因此,父母应该根据婴幼儿的发展要求,适时地给他们提供一些安全的环境和工具,让他们根据自己的意愿去玩耍,练习使用各种物体。

(三)个体差异

个体的动作发展差异有多种表现形式,它既可以表现在水平的高低上,又可以表现在发展与成熟的早晚上。婴幼儿的生长发育类型可以分为强壮好动型和弱小安静型。强壮好动型的婴幼儿属于生长发育比较早的一类。这类婴幼儿由于家族的遗传或者家庭环境的培养,在体力、身高、体重等方面都比其他的小朋友更强,他们也喜欢参加各种动作类活动,喜欢与其他小朋友竞争。弱小安静型的婴幼儿一般比较喜欢独处,不喜欢参加动作类游戏等,这些婴幼儿在动作发展方面成长得比较晚。有研究表明,处在同一年龄水平的婴幼儿,动作发展水平是不一样的。一个训练计划对某个婴幼儿来说是好的,而对另一个婴幼儿来说就不一定是最好的。

总之,不同的个体具有不同的成长规律,每一个婴幼儿都是独一无二的,他们的动作发展所面临的问题也是千差万别的。因此,成人必须尊重婴幼儿的个体差异,应根据每个婴幼儿的生长发育特点进行个别教育。这就要求成人要给予婴幼儿充分的活动自由，让婴幼儿的个性得到充分展现。

（四）后天的学习与训练

研究表明，长期的动作训练可以加速动作的发展，但训练可能对某些活动的影响比其他一些活动大。如对1岁以下的婴幼儿每天给予15分钟的爬行训练，他们会比不训练的婴幼儿更早发展起爬行动作。对婴幼儿的学习要提供必要的刺激与经验，以此影响婴幼儿动作发展的速度、水平和顺序，促进婴幼儿动作的发展。

任务评价

任务名称	评价内容	评价等级				
		优秀	良好	中等	合格	不合格
婴幼儿动作发展意义及影响因素	理解婴幼儿动作发展的意义					
	能科学地分析影响婴幼儿动作发展的因素					

备注：请同学们根据自己对任务内容的掌握情况，在对应的等级打“√”

推荐阅读

[1]谢红．儿童动作发展与训练[M]．西安：陕西科学出版社，2018.

[2]陈春梅.0–3岁儿童动作发展与训练[M].上海：复旦大学出版社,2014.

[3]赵双迎．家庭因素对学龄前儿童粗大动作发展影响研究[J]. 福建体育，2020(1)：1–4.

任务三
分析婴幼儿动作发展途径

任务描述

婴幼儿动作发展的早期训练主要是在家庭中完成的，需要父母及主要养育者有科学的教养观念。因此，正确分析婴幼儿动作发展途径，有助于监护人与教师灵活地采取多种措施科学地组织教学活动促进婴幼儿的动作发展。

任务准备

婴幼儿动作发展途径记录表、婴幼儿动作发展案例等。

操作流程

工作表单1

小组讨论

全班以小组的形式讨论婴幼儿动作发展的途径，可以从家庭、机构和其他方面分别阐述并记录在下列表格中。

家庭	机构	其他

工作表单2

分析案例①

案例1

依依是夏天出生的，到了6个月开始练习爬行时恰恰是寒冷的冬季，由于穿得过多而无法进行爬行训练。依依的外婆担心依依感冒，便让依依穿着衣服在暖气屋里进行走路练习。因此，依依是在没有学习爬的前提下开始学习走路的。依依的外婆认为即使现在不会爬行，等依依到了学习走路的时间，她仍然是会走路的，没有必要一定进行爬行训练。依依到了1岁4个月时才学会独立行走，而且经常会摔倒。

① 案例引自：严仲连.婴幼儿动作发展与训练[M].重庆：西南师范大学出版社，2021.

案例2

宝宝20个月了，被妈妈笑称为“小小破坏家”，为什么这样说呢？宝宝最近和家里的门把手较上劲了，乐此不疲地拧啊拧，结果让爸爸连续换了4个门把手。宝宝还喜欢玩妈妈的口红，插来插去，把价格很贵的口红都插断了，妈妈心疼得够呛。一段时间后，宝宝又喜欢上了使用剪刀，把桌布、床单都剪坏了。宝宝好像总是在变着花样破坏家里的东西，真是拿她没办法呀！

婴幼儿在动作敏感期到来的时候，内心会涌动一股无法抑制的热情，这股热情会促使婴幼儿在环境中寻找可以满足爆发需求的突破口。婴幼儿正是利用在环境中找到的、可操作的东西，在反复操作中满足手部塞、插、舀、敲、涂、穿、拧、倒、剪等精细动作发展的需求。

分析上述案例，你认为提升婴幼儿动作发展的途径有哪些？

工作表单3

小组讨论

先以小组的形式讨论婴幼儿动作发展训练的注意事项，再全班交流总结。

婴幼儿动作发展训练注意事项：

任务分析

此次任务共有三个工作表单，需要学生提前查阅相关资料进行思考，包括婴幼儿动作发展的途径和注意事项。教师需要根据教学任务的规律和学生已有基础选择或设计出能有效促进学生学习的教学措施。

学习支持

一、婴幼儿动作发展途径

(一)通过日常生活的各种环节进行训练

婴幼儿的动作发展可以和日常生活密切结合起来。成人对婴幼儿进行生活护理的同时,要有意识地发展相应的动作。如为婴幼儿穿衣要他伸出小手,并逐渐根据需要伸向前方、上方或两边;穿裤子或袜子时要伸腿,穿鞋子要跷脚。8个月的婴幼儿可训练在成人的帮助下蹲下去、坐好、起身等动作。10个月的婴幼儿可训练自己抱着奶瓶吃奶。1岁以后要训练他自己双手捧杯子喝水。1岁半可以训练婴幼儿用勺子自己吃饭,并学会擤鼻涕、擦脸,在水龙头下搓洗小手,自己戴帽子。2岁的婴幼儿可以让他帮妈妈擦桌子、摆筷子、扫地、搬椅子。利用日常生活中这些不起眼的动作,让婴幼儿经常做,会使他们的动作变得更加准确、灵活,也培养了婴幼儿的劳动习惯和自理能力。

(二)重视婴幼儿早期经验的获得

早期经验指年幼的机体从所处的特定环境中得到的经验,又称早期学习或早期刺激作用。这种经验对机体以后的行为甚至神经系统的功能特性发展有重要的影响。现在普遍的问题是家长给孩子穿得太多,包得太紧,不仅限制活动也影响发育。应该尽可能把孩子从衣着的束缚中解放出来,让他自由活动身体。婴幼儿首先发展上肢运动,衣袖不可过紧。许多家长给婴幼儿穿的衣袖又窄又长,有的还在棉衣外罩灯芯绒外衣,使婴幼儿的手臂弯不过来,不能俯卧抬头。衣服穿得太多也翻不了身,爬行就更困难了。小一点的穿连衣裤、连脚裤;开始坐起来并学爬、扶站时穿连衣裙、背带裤最好。学步时要穿布底鞋,皮鞋底硬,胶鞋湿度太大,均不适合。

(三)要把婴幼儿从大人过分保护下解放出来

安全的压力是影响婴幼儿进行动作发展的重要原因。现在的婴幼儿很多是独生子女,家长在对孩子的教养上往往存在着保护过度的现象。为了避免孩子出现安全问题,有的家长索性减少婴幼儿的游戏。有的成人终日把婴幼儿抱在手上,不让婴幼儿练习俯卧、爬行、扶站、扶走等基本动作。他们不理解婴幼儿的需要,以为婴幼儿太小,做这些动作太吃力又危险,却不知道婴幼儿正是从这些新的尝试中获得极大的乐趣。有的家长认为婴幼儿下地乱跑,大人没有那么多精力照顾,就让婴幼儿坐在车上,不让他下来学步。有的家长把已经会走的婴幼儿脱去鞋,放在高凳上让他下不来,认为这样规规矩矩坐着,衣服也干净。这样限制孩子的结果会使孩子变得呆滞、懦弱、胆怯、身体不健壮、智力不发达。还有的家长认为婴幼儿自己吃饭、洗手、穿衣,又费时间又做不好;帮大人做事,越帮越忙。正是这种图省事的思想剥夺了婴幼儿锻炼和学习的机会,延迟了他们的发展。基本动作和精细动作的发展对婴幼儿的身心发展具有重要意义,这也是早期教育的一项重要任务。

(四)注意动静配合,尽可能多地到户外活动

现在很多家长为了保护婴幼儿的安全,限制婴幼儿的动作发展,甚至控制婴幼儿的活动。婴幼儿时期神经纤维的髓鞘形成不全,长时间的活动会使他们易疲乏,影响食欲、消化和睡眠。活动与安静要相互调节,使大脑皮层的兴奋与抑制过程有规律地交替。此外,大肌肉群和小肌肉的交替使用也有利于婴幼儿的全面发展。在婴幼儿活动后,成人可抱他到处走走看看,让他得到休息。

只要天气条件允许,婴幼儿活动要尽可能在户外进行,成人可以根据婴幼儿年龄特点选择内容丰富、形式多样的户外活动。户外活动应以游戏为主,这样既能激发婴幼儿参加活动的兴趣,又能达到发展动作和锻炼身体的效果。为了更好地激发婴幼儿参加活动的积极性,全面锻炼身体,可逐渐加深活动内容,比如:练习平衡动作,先在两条平行线之间走,然后顶着沙包走,再两手托物走,或走时迈过障碍物。这样不仅锻炼了婴幼儿在不同条件下运用学会的动作,还提高了活动能力,增强了趣味性。要根据季节气候变化,调节活动量,掌握适宜的练习密度和运动量。这不仅有利于体格发育,也可以促进情绪愉快,开阔眼界,增长见识。

(五)在愉快的游戏中促进婴幼儿动作技能的发展

婴幼儿认识世界的主要途径就是游戏,对婴幼儿来说,游戏不仅能获得愉悦,更重要的是在游戏中能获得很多有用的知识,游戏是促进婴幼儿动作发展最好的活动形式。游戏的种类是多种多样的,不同的游戏对婴幼儿的帮助也是有所不同的。0~3岁阶段的游戏称为感觉运动游戏。感觉运动游戏主要是运用感觉、听觉、触觉、味觉、嗅觉等感官,结合操作摆弄玩具及动作训练进行。

成人可以多选择一些体育类的游戏,让婴幼儿在游戏中运用语言、肢体语言表达情感,促进交往,从中寻找乐趣,喜欢上游戏这种活动,发展其肢体动作。婴幼儿在玩玩具时,通过感知觉和身体动作获得乐趣和满足,同时在摆弄玩具、绘画、看书、捏面团、团纸团、折叠、搭建、拼拆、剪纸、粘贴等方面,成人应放手让婴幼儿自己去尝试,也可以和他们一起玩,做些必要的示范和帮助,提高婴幼儿操作玩具的技能和兴趣。

利用外出散步和旅行的机会,成人可根据婴幼儿的年龄带上一些玩具和用品,如1岁以内的婴幼儿可带上垫子和小球,让孩子爬着、滚着玩球;1~2岁的婴幼儿可带上球、绳子等开展玩球、钻爬、跨跳等游戏;对于2岁以上的婴幼儿,

可以玩围抱树干、在草地上打滚、追逐跑、拾树叶等游戏。

二、婴幼儿动作发展训练的注意事项

(一)重视安全

婴幼儿年龄较小,容易兴奋,十分好动,自控能力差,缺乏自我保护意识,容易发生意外伤害事故,在训练动作时需要成人做好细致的保护工作。特别是手的精细动作活动中,要注意孩子脸部皮肤、手的安全,防止婴幼儿将小东西塞进耳、鼻、口中。2岁左右的婴幼儿控制能力有了发展,成人要对他们进行安全教育,使他们知道什么动作不能做、什么地方不能去,使婴幼儿自我保护意识和自我保护能力就能得到发展。

(二)注意全面性和技能素质并重

皮亚杰认为,动作是联结主客体的桥梁和中介,一切知识是主客体相互作用的产物,认识的形成主要是一种活动的内化作用。基本动作技能是人在遗传获得运动基因基础上所形成的生存、生活、工作、学习和专项运动技能所必备的一种基本运动能力。基本运动方式包括走、跑、跳、投、翻滚、攀爬、支撑、悬垂、平衡等。这些基本动作技能是婴幼儿在所处的环境中有目的地从事体育活动、生活活动和社会适应的基础。对婴幼儿进行动作训练时,大肌肉和小肌肉动作、躯干动作和四肢动作都应得到平衡协调的发展;动作训练和“感觉学习”应兼顾。应把动作训练与视、听、触摸等感觉活动加以协调;动作与身体素质培养并重。在完成动作要求的同时,应发展身体的耐力、平衡和协调能力。全面的动作训练有助于提高婴幼儿身体素质。

(三)注意循序渐进和持之以恒

任何一个婴幼儿粗大动作的发展都遵循抬头-翻身-坐-爬-站-走的顺序,不可随意选择。而精细动作的发展有一个由简单到复杂的过程,这是大脑发育逐渐成熟的过程,因此,为婴幼儿提供的玩具学具也要遵循由简单到复杂的规律。此外,对婴幼儿每个动作的训练都要考虑到动作的难易程度、训练量的大小和时间的长短,要做到循序渐进、不急不躁。如训练婴幼儿上楼梯,应当先扶着婴幼儿腋下帮助他爬上楼梯,再逐渐训练婴幼儿用两只手抓住栏杆一步一步爬楼梯,然后才可以训练婴幼儿独自上楼梯,最后训练下楼梯。在训练过程中,要注意运动量从小到大。如训练上楼梯,要先从阶梯少的台阶开始锻炼,逐渐增加台阶的高度。同时,在锻炼过程中还应注意时间的长短。开始训练的时间要短,当婴幼儿适应后再延长时间,以避免婴幼儿过于疲劳而影响训练效果。

(四)注意保证营养和睡眠

合理的营养是婴幼儿顺利进行活动和运动的物质基础,必须供给充足合理的热能和各种营养素，以补充婴幼儿在活动和运动中热能和营养物质的消耗，达到增强体质的目的。充足的睡眠能让婴幼儿得到充分的消息，恢复了体力，才能有更充沛的精力学习各种动作。总之，婴幼儿的进食、睡眠、活动要有一定的规律，合理地安排。

（五）注意个体差异

动作发展存在个体差异，每个婴幼儿的动作发展进程不完全相同，有的发展得早，有的发展得晚，每一个动作开始出现的时间也不一定相同，甚至每一个动作达到熟练程度所需要的时间也不可能相同。因此，应当尊重每一个婴幼儿的动作发展并按照婴幼儿自身的发展节奏来训练，将项目划分为不同层次，循序渐进地对婴幼儿进行指导。应当注意区别对待，不应千篇一律，也不应同等要求。在动作发展过程中，要避免做横向比较，以免在训练过程中出现急躁情绪，从而影响了婴幼儿的学习情绪。重点考虑每个婴幼儿的发展特点和水平，应看到婴幼儿在不同水平上的提高。应制订弹性目标，要注重各项目间的融会贯通，将教育与精细动作练习有机地结合。

任务评价

任务名称	评价内容	评价等级				
		优秀	良好	中等	合格	不合格
婴幼儿动作发展途径	掌握婴幼儿动作发展的途径					
	能科学有效地利用婴幼儿动作发展途径组织教育活动					
	理解婴幼儿动作发展训练应注意的事项					

备注：请同学们根据自己对任务内容的掌握情况，在对应的等级打“√”。

推荐阅读

[1]林春菱，3–6岁婴幼儿大肌肉动作发展现状及促进策略[J].教育界（基础教育），2019（11）.

[2]张富洪，杨慧彤.学前儿童动作发展的家庭训练策略——基于《3–6岁儿童学习与发展指南》的视角[J].教育导刊（下半月），2017（12）：1–3.

[3]宁科.婴幼儿大肌肉动作发展特征及教学指导策略研究[D].北京体育大学，2017.

项目小结

本项目围绕婴幼儿不同类型动作的发展规律、特点，婴幼儿动作发展的意义、影响因素以及发展途径，首先阐述了婴幼儿动作发展规律;其次，从身体、智力、情绪、意志和品德、社会性交往能力方面阐述了婴幼儿动作发展的意义；再次，阐述了影响婴幼儿动作发展的因素；最后，提供了促进婴幼儿动作技能发展的途径，并提出五条训练注意事项。

思考练习

参考答案

1.婴幼儿喜欢将东西扔在地上，成人拾起来给他后，他又扔在地上，如此反复，乐此不疲，这一现象说明婴幼儿喜欢(　　)

A.手的动作　　B.重复动作　　C.抓握动作　　D.玩东西

2.下列不属于婴幼儿动作发展规律的是(　　)

A.从无意动作到有意动作　　B.从整体动作到局部动作

C.从上部动作到下部动作　　D.从混乱动作到准确动作

托育机构保育指导大纲(试行)

3.请简述婴幼儿动作发展规律。

4.请简述婴幼儿动作发展的意义。

5.请简述婴幼儿动作发展的影响因素。

6.请简述婴幼儿动作发展的途径。

7.简述对婴幼儿进行动作训练应该注意的事项。

实践实训

为1～2岁的婴幼儿设计精细动作游戏，包括游戏名称、游戏时间、游戏过程和注意事项。

项目二

0～1岁婴幼儿动作发展训练

项目目标

1. 了解0～1岁婴幼儿粗大动作、精细动作发展的特点，理解动作发展的教育要点。

2. 掌握0～1岁婴幼儿粗大动作、精细动作发展训练的要点。

3. 熟悉0～1岁婴幼儿良好的运动习惯，在动作游戏活动发展中能促使婴幼儿感受运动的乐趣。

学习重难点

学习重点：

1. 掌握0～1岁婴幼儿动作发展的顺序及特点，理解动作发展的教育要点。

2. 掌握0～1岁婴幼儿动作发展训练的方式方法，并能科学熟练地应用到教育实际。

学习难点：

能了解0～1岁婴幼儿粗大动作、精细动作发展对全身动作发展的意义，同时能根据实际对0～1岁婴幼儿的动作发展进行科学、有针对性的指导和训练。

思维导图

- 0～1岁婴幼儿动作发展训练
  - 任务一 分析0～1岁婴幼儿动作发展教育要点
    - 0～1岁婴幼儿动作发展
    - 0～1岁婴幼儿动作发展教育要点
  - 任务二 0～1岁婴幼儿动作发展活动设计
    - 0～1岁婴幼儿动作发展中亲子活动的设计原则
    - 0～1岁婴幼儿动作发展中亲子活动的组织形式
    - 0～1岁婴幼儿动作发展中亲子活动的设计流程
  - 任务三 0～1岁婴幼儿动作发展活动展示
    - 0～1岁婴幼儿粗大动作发展活动操作
    - 0～1岁婴幼儿精细动作发展活动操作
    - 适合0～1岁婴幼儿动作发展的游戏归纳

任务一
分析0～1岁婴幼儿动作发展教育要点

任务描述

婴幼儿行走动作的出现是其粗大动作发展的重要飞跃，不仅使婴幼儿能够主动接触事物、有利于各种感官的发展、扩大视野，还能够发展婴幼儿的空间知觉。

任务准备

提前预习和熟知相关年龄段动作发展的教育要点，查阅相关动作发展的视频或图片。

操作流程

工作表单1

小组讨论

通过针对0～1岁婴幼儿动作发展教育要点的前期预习与准备，小组讨论并总结0～1岁婴幼儿不同月龄段动作发展的不同动作类型特点，请按照月龄完成下表。

顺序	粗大动作	月龄	精细动作	月龄
1				
2				
3				
4				
5				
6				
7				
8				
9				
10				
11				
12				

工作表单2

小组讨论

通过针对0～1岁婴幼儿动作发展教育要点的前期预习与准备，小组讨论并总结0～1岁婴幼儿不同月龄段动作发展的内容，完成下表。

月龄	粗大动作	精细动作
1		
2		
3		
4		
5		
6		
7		
8		
9		
10		
11		
12		

任务分析

此次任务包括两个任务流程，需要学生提前进行相关资料的查阅并进行总结，教师结合教学目标与内容，在学生现有基础之上将知识点进行梳理与补充，并进行讲解。

学习支持

一、0～1岁婴幼儿动作发展

（一）0～1岁婴幼儿的先天性条件反射动作和自主性动作的发展

正常的新生儿一出世就有一些先天的反射，是人与生俱来的。这些反射能反映出新生儿的机体是否健全，神经系统功能是否正常。它是一种比较低级的原始反射神经活动，由大脑皮层以下的神经中枢参与即可完成，如膝跳动作反射、眨眼反射、吮吸反射等。

随着神经系统的发展和髓鞘化的慢慢形成，婴幼儿开始出现主动性的动作。4～5个月大的婴幼儿慢慢能够主动伸手去拿看到的东西；6～7个月时，双手能够交替去拿东西，并会主动将手里的物品丢掉；8个月大时，能够主动爬行去够东西，能用拇指和食指捡小东西；11～12个月大时，能够拿小勺子吃饭，端碗喝水。

（二）婴幼儿粗大动作发展

1. 婴幼儿粗大动作发展生理特点

（1）0～3个月婴幼儿粗大动作发展的生理特点

0～3个月的婴幼儿动作以原始的反射动作和初步自主动作为主。反射动作是人类个体最初的运动形式，是婴幼儿早期动作发展的重要组成部分。而婴幼儿早期的自主对头颈和身体的控制，也是更复杂动作的基础。

图2-1　俯卧抬头

0～3个月婴幼儿的动作基本上为反射动作。这些反射动作为婴幼儿今后的生存和发展起到一定的帮助和支撑作用，如通常所见的寻乳反射、吮吸反射等。有些反射动作会伴随婴幼儿的一生，而有些反射动作在出生后的头几个月便会自动消失，如游泳反射、寻乳反射等。0～3个月婴幼儿开始出现自主运动性动作。自主动作的获得是从头部开始的，该类动作大约出现在婴幼儿出生的第一个月末，这主要是神经和肌肉系统发育的结果。2～3个月的婴幼儿在俯卧时可以自主地左右转动头部，3个月的婴幼儿就能在坐和站的状态下自主将头竖直。头部活动是婴幼儿扩大视线范围、探索周围环境的最早途径。对躯干部分的自主控制出现在婴幼儿2个月左右，他们能够在手的帮助下俯卧抬胸，但手臂的支撑并不是完全有意识的，如图2-1所示。到3个月大时，大多数婴幼儿会出现翻身动作，主要表现为仰卧翻身。

(2)4～6个月婴幼儿粗大动作发展的生理特点

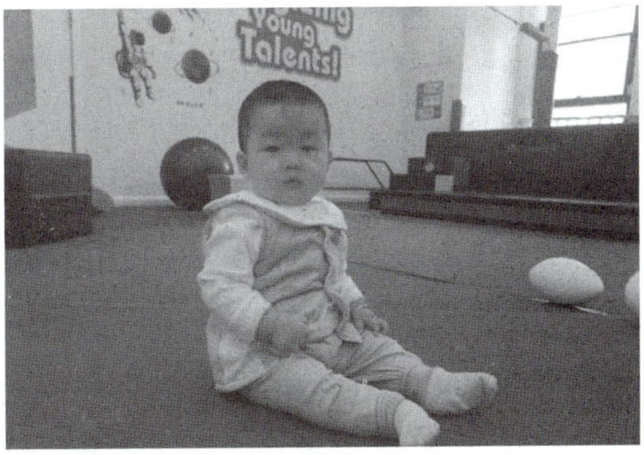

图2-2　独坐

4～6个月婴幼儿对头、颈部的控制进一步加强。婴幼儿在4个月大的时候通常喜欢姿势的变化和身体的接触，在身体倾斜时仍能保持头部的平衡，能将手臂伸直支撑在支撑面上托起头和胸部。4个月末，婴幼儿将自己从地板或其他平面上撑起来的能力会得到很大的提高。头部控制中一项艰难的任务是在仰卧位把头抬离地面，这个动作通常出现在婴幼儿6个月左右。4～6个月的婴幼儿躯干控制模式发展得更为全面、灵活，首先表现为头部的姿势由仰改为俯，或者由俯改为仰；接着肩部、躯干上部、躯干下部的自主控制运动也会得到进一步发展。在获得头部和躯干部控制后，婴幼儿借助手臂的力量，4个半月时在他人的帮助下能够首次坐立，独立出现在5个月左右，6个月时能更加稳定地独立坐着，坐的时间也更长。如图2-2所示。

(3)7～9个月婴幼儿粗大动作发展生理特点

这一时期的婴幼儿粗大动作发展特点是独坐自如，自己坐起躺下；扶双腕能站，站立时腰、髋、膝关节能伸直；开始爬。7个月的婴幼儿不用人扶就能独立坐几分钟。8个月的婴幼儿不仅能独立坐着，而且能够从坐位躺下、扶着床栏杆站立，并能由立位坐下，仰卧时用手和膝部撑着能挺起身来。9个月的婴幼儿能够坐得很稳，能由卧位坐起而后平躺下，能够灵活地前后爬，能扶着床栏杆站着并沿着床栏杆行走，会抱起娃娃模仿成人的动作。

(4)10～12个月婴幼儿粗大动作发展生理特点

10～12个月婴幼儿爬行技巧更加灵活。9个月已经能向前爬的婴幼儿，到了10个月后，就完全能用手脚爬行，甚至可以爬到任何地方。如果眼前有东西，婴幼儿会伸手去拿，也可以一手拿玩具站立。有些婴幼儿已经能微微跨出步伐，甚至可以连走几步，但这是因人而异的，不要过分担心或高兴，只要婴幼儿的运动能力发育正常即可。在10～11个月当中，能借助东西站起来的婴幼儿，不久便可以跨出步伐，但起初只要一离手，就会一屁股坐下来。渐渐地，在大人的牵引下，足部会变得有力。到了11个月左右，即使放开手，也能站立两三秒钟，这就是独自站立的开始。这也有个体差异，有些婴幼儿一旦站起来，就立即跨出两三步，有些则迟迟不敢跨出脚步。但是只要牵住他的双手，他就会向前迈步，并且可以推着步行车向前走动。婴幼儿此时可以一手支撑物体走路，另一只手把持玩具，如果丢球给他，他也会灵巧地丢回，虽然他还无法对准目标。

2.婴幼儿粗大动作发展水平

满月的婴幼儿俯卧时能短暂抬头片刻；2个月的婴幼儿俯卧时能抬头45°，头左右转动；3个月的婴幼儿俯卧位时能抬头90°；4个月婴幼儿拉坐时，头不后滞；5个月婴幼儿俯卧位时能抬起胸；6个月婴幼儿学习用手撑着坐。

7个月左右的婴幼儿会独坐，由仰卧翻成俯卧，能从腹侧到背侧、背侧到腹侧打滚；8个月婴幼儿俯卧原地打转，能手膝爬行；9个月婴幼儿扶着会站立，学习手足爬行；10个月婴幼儿能扶物站立；11个月婴幼儿能独站、扶物行走；12个月婴幼儿搀着一只手能走，爬得很好。

(三)婴幼儿精细动作发展

1.婴幼儿精细动作发展生理特点

(1)0～3个月婴幼儿精细动作发展的生理特点

0～3个月婴幼儿以抓握动作为主。抓握动作是个体最初和最基本的手部动作，是婴幼儿掌握更复杂动作发展的基础。抓握就是用手指将手中的物体环扣起来。抓握反射在新生儿时最常见，而后随着随意动作的出现而减弱。1个月左右，婴幼儿会松开手指做抓东西的简单动作，如抓住汤匙和小摇铃片刻。随着月龄的增长，婴幼儿抓握物品的时间也会更长，有时还会看看手中抓握的东西是什么。从3个月起，婴幼儿开始出现一种不随意的手的抚摸动作，经常无意地抚摸亲人、抓握玩具等。

(2)4~6个月婴幼儿精细动作发展的生理特点

4~6个月婴幼儿抓握动作进一步发展。婴幼儿抓握东西越来越牢，手指也变得越来越灵活，开始出现主动抓握物体，会经常握紧和张开手掌玩手指游戏。当婴幼儿抓住物体时，会用简单的方式摆弄起来。简单地用手摆弄是一种技能，通常在第4个月底之前婴幼儿就具备了。快4个月末的时候，婴幼儿开始用双手抓东西。在婴幼儿4~5个月大时，他开始用手掌、手指抓握物体。同时，婴幼儿习惯伸出一只手而不是同时伸出两只手来抓握物体，但此时婴幼儿伸出的并不是固定的左手或右手。

4~6个月婴幼儿手眼协调能力开始发展。手眼协调能力在第4个月末开始形成。4个月大的婴幼儿有些还不会伸手拿东西，这可能是他们还无法协调手臂动作，无法控制手臂去拿他们想要的东西。在发展手眼协调能力的初期，婴幼儿会尝试伸手去抓东西，但可能会伸过了头。视觉指引抓握的能力通常在4个月大时形成。此时，当婴幼儿看到物体并伸手去抓时，这个物体一般可以被成功地抓到。

(3)7~9个月婴幼儿精细动作发展的生理特点

7个月的婴幼儿能用拇指、食指配合取物，能拨弄桌上的小东西，摇有声响的小件物品；能换手接物，双手拿两物对敲。7个月的婴幼儿开始有意向性，会用一只手来拿东西，会把玩具拿起来，在手中来回转动，还会把玩具从一只手递到另一只手或用玩具在桌子上敲着玩，仰卧时会将自己的脚丫放到嘴里啃。8个月的婴幼儿会拍手，会用手挑选自己喜欢的玩具玩，常常啃咬玩具，会独立吃饼干。9个月的婴幼儿双手会灵活地敲积木，会把一块积木搭在另一块上或用瓶盖去盖瓶口。

(4)10~12个月婴幼儿精细动作发展的生理特点

手指的动作变得灵活，几乎所有的婴幼儿都会用拇指和食指捏起细小的东西，甚至会捏起掉在地上的残屑。随着手指的灵活，婴幼儿对寻找东西也更感兴趣，并且用餐时会总想用手。婴幼儿喜欢投掷东西，拿到东西就丢，如果捡起来给他，他又会立刻丢出去。在这种游戏中，手部的功能渐渐变得完善，在这时父母最好能当他的玩伴。

2.婴幼儿精细动作发展水平

新生儿能紧握拳，触碰时能收缩，可引出握持反射，持续2～3个月。主动握物动作出现时，此反射消失。

2个月的婴幼儿偶尔能张开手，能拿住物体。偶尔把手或手里的物体送到口旁舔舐。

3个月婴幼儿能用手摸物体，触到时偶尔能抓住。手经常呈张开姿势，将哗啦棒放在手中，能握住数秒钟。

4个月的婴幼儿清醒状态仰卧时，双手能凑到一起在眼前玩弄手指，称为“注视手的动作”，此动作6个月以后消失。能够常常去抓东西，但距离判断不准，手常常伸过了物体。能用整个手掌握持物体，手握哗啦棒的时间较以前长一些，而且会摇晃，并用眼睛看手里的哗啦棒片刻，出现最初的手眼协调。

5个月的婴幼儿在物体碰到手时会出现主动抓握动作，但动作不协调，不准确。会玩衣服，把衣服拉到脸上，能玩玩具并将玩具抓握较长时间，往往会双手去拿，把东西放到口中。如图2-3所示。

图2-3　抓握

6个月的婴幼儿能迅速伸手抓面前的玩具，玩具掉下后会再抓起。能用全手抓积木、握奶瓶、玩自己的脚、准确地拿取悬垂在胸前的物体、会撕纸玩。当手中拿着一块积木再给另一块积木时，会扔掉手中原有的积木然后去接新的一块。

7个月的婴幼儿可用拇指及另外两根手指抓物。会用一只手去触物，能自己将饼干放入口中，玩积木时可以将积木从一只手换到另一只手上。手中有积木再给另一块积木时，能保留手中原有的一块不扔掉。能够模仿双手对击积木的动作。

8个月的婴幼儿能用拇指和另外三指捏起小物体，会用多种方法玩同一个玩具，如放入口中咬、敲打、摇晃等。能将物体递给旁人，但不知如何松手令手中物体自然坠落。

9个月的婴幼儿能将双手拿的物体对敲，可用拇指和其他手指捏起小物体(大米花、葡萄干等)。

10个月的婴幼儿能用拇指与另一手指准确地捏住0.6 cm大小的串珠，可用食指很熟练地触物，能扔掉手中的物品或主动将手中物品放下。成人索取玩具时，婴幼儿可根据意愿不松手。

11个月的婴幼儿喜欢将物体扔到地上听响声，会主动打开积木的包装。

12个月的婴幼儿能单手抓起2~3个小物品，会轻轻抛球，会将物体放入容器中并拿出另一个，能握住笔在纸上留下笔印。

二、0~1岁婴幼儿动作发展教育要点

（一）解放婴幼儿手脚，给予拥抱抚摸

0~1岁是婴幼儿生长发育最快的时期，也是婴幼儿动作发展的敏感期。有的家长担心婴幼儿长大后手脚过于好动，就给婴幼儿打“蜡烛包”或者给婴幼儿的双手戴上手套。这样不仅限制婴幼儿大动作的发展，同时对婴幼儿双手精细动作发展也有很大的影响。刚出生的婴幼儿喜欢自由活动双手和双脚，两三个月的婴幼儿喜欢用自己的双手触摸物体，无意识地抚摸衣服、被褥，抚摸自己的父母和身边的物体，这种最初的抚摸动作标志着婴幼儿对周围世界的认识活动的开始。婴幼儿用手来思考，用手来认识周围事物，手是婴幼儿认识世界的重要器官。如果禁止婴幼儿手的活动，就相当于禁止婴幼儿的思考。因此应该给婴幼儿足够的自由空间去伸展，活动胳膊、小腿，解放婴幼儿手脚，让其自由活动。如图2-4所示。

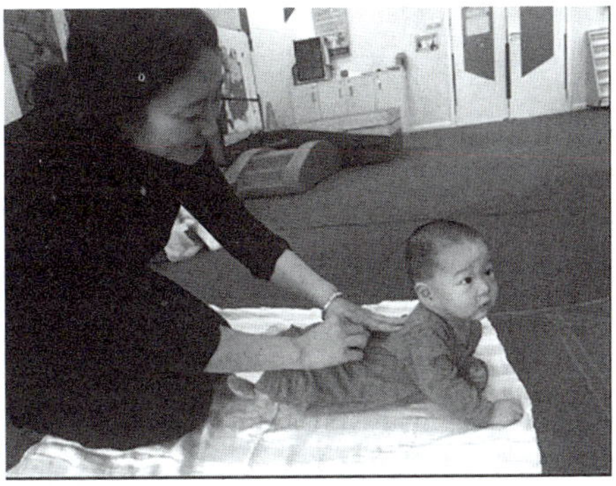

图2-4 抚触

（二）提供玩具，满足动手探索的欲望

动手是婴幼儿思维能力发展的催化剂，只有让婴幼儿的小手活动起来，才会更聪明、更有创造力。在生活中，照护者可以用智力玩具来训练婴幼儿手的精细运动，提供便于抓握、带声响、颜色鲜艳、无毒、卫生、安全的玩具，让婴幼儿练习抓拿。鼓励婴幼儿自由捏拿、摆弄、敲打等，鼓励婴幼儿动手探索，训练手眼协调能力，满足其探索欲。但是照护者要注意应该随时陪伴在婴幼儿身边，以免婴幼儿把小物品塞进嘴巴发生意外。如图2-5所示。

图2-5 借助玩具促进精细运动发展

（三）抓住运动敏感期，锻炼基本动作类型

运动是婴幼儿学会观察、认识、理解、说话和活动的最佳“工具”，能促进婴幼儿的大脑智力开发。所以我们不能忽视对婴幼儿运动和动作能力的发展和训练，特别是这个年龄段的婴幼儿，更要加强引导他们接受健康、安全、科学的运动方式，尽量为婴幼儿创造适宜的环境和条件，鼓励婴幼儿多运动，从而促进其智力和心理的发展。最适宜的婴幼儿运动是走、跑、跳、翻滚、抓握、投掷、游泳、跳绳、攀爬等。另外，人的大脑和神经系统会在青春期前就发育成熟，到那个时候，通过运动促进智力的效果就不明显了。也就是说，我们应该抓住婴幼儿刚刚开始探索运动的最佳时期多鼓励和引导婴幼儿动起来。

（四）创设活动空间，适量增加户外活动

通过户外活动，婴幼儿不仅开阔了眼界，认识更多事物，同时还能从中发展语言表达能力，例如照护者可以和婴幼儿一起交流，回顾一天活动中的所见所闻和所想；培养婴幼儿的探索精神、规则意识，获得成就感，从而树立自信心。不要忽视户外活动，这是照护者和孩子交流情感的好机会，也是发展婴幼儿各种能力的好时机，能帮助他们更多地认识多彩的世界。这个阶段的婴幼儿往往见到什么东西都要抓，甚至往嘴巴塞，所以要特别关注婴幼儿的视野范围内、婴幼儿够得着的地方，任何可能发生意外的东西都要收拾起来，避免意外。如图2-6所示。

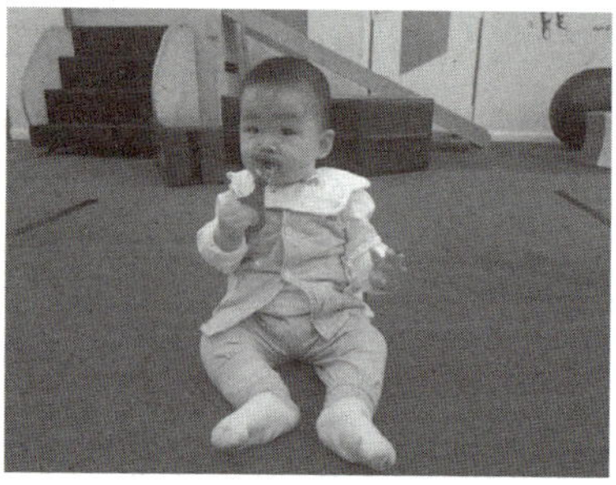

图2-6　啃咬玩具

户外运动可以让婴幼儿多接触含氧气较多的新鲜空气，可以增强婴幼儿的肺功能，提高抵抗力。经常接触户外的空气，可以帮助婴幼儿的身体逐渐适应空气的温度和湿度的变化。在户外活动时，婴幼儿能看到许多新鲜的事物，如树木、花草、昆虫、小鸟以及房屋、车辆和人等。照护者可以有意让婴幼儿看这些事物，增加婴幼儿对外界的认识。如图2-7所示。

图2-7　接触大自然，进行户外探索

拓展阅读

如何帮助儿童顺利学步

12个月左右的婴幼儿是学步走路的最佳时机，照护者想让婴幼儿早一天迈开人生的步伐，就要合理引导和训练。可以通过以下方法帮助婴幼儿更好地学习走路：

（1）蹬蹬脚跟；

（2）做做仰卧起坐；

（3）攀攀爬爬；

（4）营养储备。

任务评价

任务名称	评价内容	评价等级				
		优秀	良好	中等	合格	不合格
0～1岁婴幼儿动作发展教育要点	能理解并掌握0～1岁婴幼儿动作发展教育要点。					
	能熟记0～1岁婴幼儿动作发展训练的内容，提高自身实操水平与能力。					
	能熟记0～1岁婴幼儿粗大动作与精细动作发展的特点。					
	能熟悉掌握0～1岁婴幼儿动作发展训练的方法，并能科学地应用到教育实际中。					

备注：请同学们根据自己对任务内容的掌握情况，在对应的等级打“√”

推荐阅读

[1]唐敏，李国祥．婴幼儿动作发展与教育[M]. 上海：复旦大学出版社，2020.

[2]周念丽.0–3岁儿童观察与评估[M]. 上海：华东师范大学出版社，2013.

[3]邢少颖，李琛．亲子教育指南（0–3岁）[M]. 太原：山西教育出版社，2017.

任务二

0～1岁婴幼儿动作发展活动设计

任务描述

0～1岁是婴幼儿人生发展的重要时期，如果能抓住这个黄金阶段，就能充分开启孩子的动作潜能。对于0～1岁年龄段的婴幼儿而言，科学、合理的动作发展活动设计，将对其一生动作能力的发展起着奠基的作用。

任务准备

1.该任务相关的0～1岁婴幼儿动作发展活动案例资料。

2.所需实训室：婴幼儿感觉统合实训室。

操作流程

工作表单1

案例分析

阅读下述活动设计案例，思考并分组讨论其是否合理，并将讨论的结论进行分享。

爬山坡

适用年龄：9个月婴幼儿

活动场地：早教中心/家庭

人数：3～5名婴幼儿及教师或家长

活动目标：练习婴幼儿手膝爬过障碍

活动准备：响铃若干、松紧带1根（2～4米长）、山坡（自制）

活动过程：

1.教师或家长与婴幼儿同坐在地毯上的一端，面向山坡和挂响铃处。对面的教师对婴幼儿说："婴幼儿，老师这里有好玩的响铃，爬过来，玩响铃吧。"教师或家长鼓励婴幼儿爬过山坡拿响铃，注意要重点指导婴幼儿爬行的方法。

2.婴幼儿练习用手拍打响铃或由教师扶着身体用脚踢响铃，使响铃发出声响，教师与婴幼儿共同游戏。

活动延伸：根据婴幼儿的兴趣可反复进行2～3次。尝试玩爬大山的游戏。

活动注意事项：

1.自制的山坡一定要稳固，以免婴幼儿翻过山坡时摔下来受伤。

2.在家里，家长可用床上的枕头做障碍，在不同的位置用有趣的玩具引诱婴幼儿练习爬行的动作，促进婴幼儿肢体的协调能力。

思考并讨论上述案例设计是否合理。

工作表单2

小组讨论

通过对0～1岁婴幼儿动作发展教育要点的复习，小组讨论并分享0～1岁婴幼儿动作发展活动的设计流程。

工作表单3

小组合作

（视频2-1）爬大山

适用年龄：9个月婴幼儿

活动场地：早教中心/家庭

人数：2～4人，婴幼儿及教师或家长

视频2-1

活动目标：

1.掌握婴幼儿在此月龄爬行的水平及指导方法

2.学会观察婴幼儿的情况，了解婴幼儿的发展水平

3.知道在开展此项活动的方法

活动准备：儿歌

活动过程：

教师或家长躺下当作“大山”，边唱儿歌边让婴幼儿往自己身上爬，当爬至“大山”的山顶时，教师或家长和婴幼儿击掌、抱一抱，然后让婴幼儿爬下山。

活动注意事项：训练时要注意婴幼儿的安全，要耐心地指导，给予婴幼儿充分的练习时间。

活动延伸：根据婴幼儿的兴趣可反复进行2～3次。尝试玩小老鼠钻山洞的游戏。

结合0～1岁婴幼儿动作能力的发展特点，根据案例，小组合作完成0～1岁婴幼儿动作发展的教育活动设计，并进行分享。

任务分析

此次任务包括三项任务流程，需要学生提前进行相关资料的查阅并结合所示案例进行相关的活动设计，最后需要教师结合教学目标与内容，在学生现有基础之上将知识点进行梳理与补充，并进行讲解。以此提高学生理论知识与实践相结合的能力。

学习支持

0～1岁婴幼儿动作发展的活动设计

一、0～1岁婴幼儿动作发展中亲子活动的设计原则

（一）教育性原则

活动组织者选择的内容要符合0～1岁婴幼儿的培养目标和准则要求。在对婴幼儿进行教育的过程中，可采用教养结合的方式，在具体实施时，通过利用启蒙式或游戏式的方法，可使婴幼儿在生动活泼的氛围中促进身心的全面发展。切不可使用命令、包办和灌输式的教育方法。

（二）科学性原则

活动、教案的设计要符合0～1岁婴幼儿的身心发展规律，充分考虑其“最近发展区”，循序渐进、因材施教。根据婴幼儿的个性特点，进行科学、有针对性地设计与制订。切不可揠苗助长，用成人的预设束缚婴幼儿的自然生长。

（三）趣味性原则

活动组织者要根据婴幼儿的兴趣及发育、健康状况，灵活地选择教育内容。生动且富有趣味性的游戏和活动往往更能吸引婴幼儿的兴趣和注意力，进而达到教育的目标和效果。因此，充分调动0～1岁婴幼儿的兴趣，使得每一项环节的设计具有趣味性和吸引力，也是0～1岁婴幼儿亲子活动设计应遵循的原则之一。

（四）发展性原则

活动组织者要在充分考虑0～1岁婴幼儿现阶段发展水平的基础上，促使

婴幼儿向最近发展区的水平进一步发展，进而达到0～1岁婴幼儿运动能力全面发展的教育效果。

（五）直观性原则

直观性原则是教育的原则之一。教学中引导婴幼儿直接感知事物、模型或通过教师形象语言描绘学习对象，使婴幼儿获得感性认识。正如荀子所说："不闻不若闻之，闻之不若见之。"因此教育者应注意直观手段的运用，需要与训练0～1岁婴幼儿粗大动作与精细动作发展的特点与规律相结合，与活动组织者的语言指导相结合，与婴幼儿的实际发展水平与实践操作相结合。进而可减少理解抽象概念的困难，进一步激发婴幼儿的学习兴趣和热情，有助于培养婴幼儿观察能力的发展。

（六）动静交替性原则

活动组织者在进行活动各环节设计时，应充分考虑0～1岁婴幼儿神经系统易兴奋、易疲劳的特点，合理地安排活动，采用多种方式动静结合地开展活动，以此达到教育效果。

（七）主体性原则

教学活动是组织者或成人与0～1岁婴幼儿的共同活动，活动组织者作为主导者，要充分把握婴幼儿的主体地位，认识到婴幼儿是学习、发展的主体，要启于未发、适时而教，引导婴幼儿通过自身的探索活动来学习。

二、0～1岁婴幼儿动作发展活动的组织形式

从组织形式上，0～1岁婴幼儿动作发展中的活动可分为集体活动、小组活动、个别活动三种形式。如在集体活动时，教师可组织婴幼儿进行"捡皮球"的活动。教师拿出一筐小皮球，撒在活动室内，并对婴幼儿们说："宝宝们，快爬过去捡皮球啦！"教师可在婴幼儿们快要追到皮球时，轻轻将球踢开，鼓励婴幼儿继续爬。婴幼儿拿到球后，教师及时给予鼓励和表扬。在小组活动时，同样可以以小组的形式捡皮球，将婴幼儿分为不同的小组，进行游戏活动。在进行个别活动时，教师可引领成人带动婴幼儿进行亲子活动"摇啊摇"，成人盘腿而坐，婴幼儿与成人面对面，坐在成人腿上，随着儿歌的节奏摇着婴幼儿，使婴幼儿有一种安全感。

三种形式可以相互结合、灵活运用。同时注意0～1岁不同月龄段婴幼儿的个体差异，分组开展活动并进行小组指导，因材施教。

三、0～1岁婴幼儿动作发展活动的设计流程

（一）确定活动目标

0～1岁婴幼儿的亲子活动目标的设计，一方面指向的是此年龄段的婴幼儿，另一方面指向的是婴幼儿的成人。

对0～1岁的婴幼儿来说，成人的育儿观、育儿方法对婴幼儿的发育发展起着关键性的作用。因此活动组织者在进行此年龄段的活动设计时，一方面要根据婴幼儿的年龄特点、发展水平来制订动作活动目标；另一方面，活动组织者要

引导家长，掌握科学、正确的育儿方法，使家长真正成为婴幼儿的第一任教师，真正承担起教育孩子的重任。

注意：0～1岁婴幼儿动作活动的目标制订不应是呆板的、机械地照搬照抄，而必须建立在对婴幼儿现有水平的观察和了解之上，进行灵活地取舍和运用。

（二）做好活动准备

（1）活动组织者应准确掌握0～1岁阶段婴幼儿的不同月龄中运动能力发展的特点和规律，结合月龄段发展目标，为婴幼儿准备相应的动作活动设计。

（2）活动组织者可结合婴幼儿的个性特征和兴趣爱好，根据个体差异进行有针对性的动作活动设计。

（3）活动组织者可参照0～1岁婴幼儿个案观察记录表和成长档案，了解此阶段婴幼儿在粗大动作及精细动作发展过程中的个别化需求，根据需求，有侧重地进行动作活动设计。

（4）活动组织者可通过成人咨询、成人需求调查、成人座谈、访谈等发布方式了解不同成人的不同需求。

（三）选择活动内容

活动内容的选择可结合任务一中0～1岁婴幼儿粗大动作及精细动作的发育特点和要点，进行制订。活动内容的选择要围绕活动目标进行，难易度适中，尽可能与日常生活相联系，以帮助婴幼儿在发展动作技能的同时提高生活自理能力。

（四）设计活动过程

1.活动开始

活动组织者要用简洁的语言说明本次动作活动的名称、适用年龄段、活动的目的及内容。

接下来，吸引婴幼儿的兴趣。活动组织者可采用点名的方式或简单的游戏、亲子操等，伴随着好听的音乐，引导大家进入活动状态。

2.活动进行

活动进行时，需要活动组织者事先说明注意事项，避免成人包办代替，防止急躁的情绪。一般情况下，活动内容的安排应适时，避免过长、环节过于复杂，动静交替进行。0～1岁的婴幼儿年龄较小，组织者要充分考虑婴幼儿的休息和放松，可以穿插安排一些喝水、如厕等环节。

3.活动结束与延伸

（1）延伸到下一活动

活动结束后，教师可引领婴幼儿和家长将活动延伸到下一个活动，使得半日活动或一日活动成为一个有机联系的整体。例如在语言活动“可爱的小枫叶”中，婴幼儿对秋天描写枫叶的景象很感兴趣，教师就可以将延伸活动设置为带领婴幼儿去户外捡枫叶，进行粘贴枫叶的美工活动。

(2)延伸到区域活动

教师可将活动延伸至区域活动，使区域活动成为教学活动的自然延伸。可为婴幼儿创造一个立体的、多元的、丰富多彩的环境，让婴幼儿可按照自己的发展需要和兴趣爱好与环境进行近距离互动，进而促进身心的发展。

(3)延伸到家庭或社会活动

教师也可将活动延伸到家庭和社会活动中，真正实现园所与家庭、社会的密切配合。例如音乐活动“有趣的小鱼”结束后，教师可让家长回家与婴幼儿一起画小鱼，来加深婴幼儿对小鱼的认识，激发婴幼儿对色彩的认知和兴趣。

4.注意事项

(1)在活动前，教师应注意，活动目标、内容的选择要有适宜性，要充分考虑婴幼儿的发育水平、兴趣和年龄特点以及个别差异；活动环境的设置要具有教育性和童趣，要满足安全需求、物品需求，能够发展婴幼儿的内在直觉、鉴赏力以及对他人的同理心；能够有助于婴幼儿文化的发展，以促进真实的活动。

(2)在活动的过程中，教师应注意，尊重婴幼儿和家长、有耐心、细心、注意婴幼儿的安全、个体差异性、婴幼儿的兴趣，随时调整课堂，对家长及时进行指导和纠正。

(3)在活动进行结束后，教师应注意，对活动的归纳、总结与反馈；对家长的指导，及时和家长进行线上及线下的沟通交流，对于家长育儿存在的问题要耐心地解答，从而真正达到家园共育、促进婴幼儿身心健康发展的教育目标。

任务评价

任务名称	评价内容	评价等级				
		优秀	良好	中等	合格	不合格
0～1岁婴幼儿动作发展的活动设计	能正确掌握0～1岁婴幼儿动作发展的活动设计方法。					
	能科学、有针对性地完成0～1岁婴幼儿动作发展完成流程的设计。					
	能科学合理地设计0～1岁婴幼儿动作发展的亲子活动设计并应用到教学实践。					
	能对其他小组的活动设计进行科学、合理的评价。					

备注：请同学们根据自己对任务内容的掌握情况，在对应的等级打“√”

任务三

0～1岁婴幼儿动作发展活动展示

任务描述

动作的发展与婴幼儿的大脑开发、语言的发展、心理的发展、体质的增强、良好的个性形成有着密切的关系。因此在0～1岁这个阶段重要的是通过活动直接地发展婴幼儿身体运动智能，并在此基础上促进0～1岁婴幼儿的全面发展。

任务准备

1.所需实训室：婴幼儿感觉统合实训室。

2.音视频素材：轻音乐、歌谣。

3.实操所需的玩教具。

4.与任务相关的0～1岁婴幼儿动作发展的游戏及实操内容。

操作流程

工作表单1

小组讨论

小组搜集资料，讨论总结适合0～1岁年龄段婴幼儿粗大动作及精细动作能力发展的游戏有哪些？并将讨论的结果填写在下表中。

月龄	粗大动作游戏	精细动作游戏
1		
2		
3		
4		
5		
6		
7		
8		
9		
10		
11		
12		

工作表单2

实操演练

小组根据以下表2-1、表2-2的操作提示，进行0～1岁婴幼儿动作发展活动操作展示，注意操作时的准确性。

表2-1 0～1岁婴幼儿粗大动作发展活动操作表

月龄	实操名称	操作要点
1	转头训练 （视频2-2）	1.主要目标： 训练婴幼儿颈部的肌肉力量，为俯腹抬头、俯卧 抬头做准备。 2.操作要点： （1）让婴幼儿仰卧，成人在婴幼儿头部上方摇动响铃或其他带声响的玩具，吸引婴幼儿视线。 （2）成人将玩具从婴幼儿头部的一侧慢慢地摇动至婴幼儿头部的另一侧，鼓励婴幼儿进行转头的练习。 （3）也可采用呼唤婴幼儿的名字、与婴幼儿说话等方式吸引婴幼儿的转头兴趣。 （4）注意婴幼儿头部的安全保护，刚开始训练时，成人需要将手放在婴幼儿头部两侧加以保护。
2	抬头训练	1.主要目标： 锻炼婴幼儿头部、颈部及背部肌肉的力量，增加肺活量，扩大视野范围，主动搜寻环境中的信息，进而带动其他能力的发展。 2.操作要点： （1）竖抱抬头。 成人托住婴幼儿的后颈部，将其竖抱后，在婴幼儿头部力量逐渐平稳不晃动时，尝试将手从婴幼儿后颈部松开，让婴幼儿头部自然立直片刻，以此促进婴幼儿颈部力量的发展。 （2）俯腹抬头。 成人可在婴幼儿空腹时将婴幼儿俯卧放至成人的腹部，进行按摩。在婴幼儿身体逐渐放松后，成人尝试逗引婴幼儿抬头。 （3）俯卧抬头。 将婴幼儿俯卧在床上，成人可在婴幼儿头部前上方摇动响铃或其他带声响的玩具，引起婴幼儿的注意，并吸引婴幼儿抬头。
3	翻身训练 （视频2-3）	1.主要目标： 锻炼婴幼儿翻身的能力，提高头颈部、脊柱、腰腹部、躯干和四肢协调运动的能力，使其骨骼、神经、肌肉的发育更加成熟，身体大肌肉动作的发展更加灵活自如，为今后动作的发展打下良好的基础。

视频2-2

视频2-3

续表

月龄	实操名称	操作要点
3	翻身训练 （视频 2-3）	2. 操作要点： （1）侧翻训练。 在婴幼儿平躺时，成人可以用一只手扶着婴幼儿的肩膀，慢慢地推婴幼儿的屁股，让婴幼儿姿势差不多到侧躺，即在婴幼儿的身体转到一半时，就让婴幼儿恢复平躺的姿势。左右两侧交替训练，一次做 10 分钟，一天可以做几次，婴幼儿就能比较顺利地从仰躺变成侧卧了。当婴幼儿能够从仰躺翻到侧卧，手可以顺利地转向另一侧时，往往脚还翻不过去。成人可以帮助婴幼儿，让婴幼儿的双脚成交叉姿势，方便婴幼儿把下半身翻过去。 （2）从侧卧到俯卧/仰卧训练。 婴幼儿已经学会从仰躺转到侧躺，但还不会翻回仰躺时，成人可以从婴幼儿的身后，扶住婴幼儿的大腿，帮婴幼儿翻转身体。需要注意的是，这时很可能会出现侧身的那只手被压在身下动弹不得的情况，这时婴幼儿可能会感到不舒服，成人要帮婴幼儿把手臂放在合适的位置。
4	前臂支撑 训练	1. 主要目标： 锻炼婴幼儿的前躯力量。 2. 操作要点： 给婴幼儿穿上舒适、宽松的衣服，让婴幼儿趴在床上，成人将婴幼儿的两只胳膊放在胸前，作支撑状。成人站在婴幼儿面前，呼唤婴幼儿或者拿着一个发声的玩具逗婴幼儿看成人，然后拿着玩具在婴幼儿面前晃动，引导婴幼儿用前臂支撑，将胸部抬起。
5	学坐训练 （视频 2-4）	1. 主要目标： 锻炼婴幼儿坐的能力，为今后动作的发展打下良好的基础。 2. 操作要点： （1）拉坐训练。 婴幼儿的颈部肌肉能支撑头部重量之后可以操练拉坐。让婴幼儿昂首躺着，用枕头把婴幼儿的上身垫起来一点儿。成人坐在婴幼儿对面，紧紧抓住婴幼儿的双手，慢慢地把婴幼儿拉到坐姿，让婴幼儿的头跟着肩膀一同抬起，然后再慢慢地把婴幼儿放回去。等婴幼儿习惯了这个动作练习后，可逐渐延长婴幼儿坐起的时间。成人一边唱儿歌，一边跟着节奏轻柔地拉动婴幼儿的两只臂膀，然后再把婴幼儿放回枕头上。 （2）靠坐训练。 当婴幼儿拉坐时头不后仰，可进一步尝试训练婴幼儿靠坐。一方面可锻炼婴幼儿的腰背部的肌肉，另一方面可为接下来的独坐训练做准备。让婴幼儿背靠着枕头、小被子、垫子等软的物体半坐起来。婴幼儿很喜爱靠坐，靠坐比躺着视觉更宽阔，可以更自如地操作玩具。婴幼儿靠坐时两条腿会踢来踢去，往往坐着坐着身体就滑下去；或者重心向左右偏移，身体倒向一侧。因此成人应在旁照顾，不宜脱离。同时，婴幼儿靠坐的时长不宜太久，初学可坐 3～5 分钟，熟练后也不宜超过 10 分钟。

视频 2-4

续表

月龄	实操名称	操作要点
5	学坐训练（视频2-4）	(3)独坐训练。 成人可先给予婴幼儿一定的支撑，以后逐渐撤去支撑或首先让婴幼儿靠坐，待坐得较稳后，逐渐离开靠背，一手扶住婴幼儿，一手以玩具吸引婴幼儿转头转身寻找玩具。成人用玩具在左右方向交替逗引，引导婴幼儿坐位时头部转向两侧转动寻找物品，训练婴幼儿独坐平衡。
6、7	爬行训练（视频2-5）	1.主要目标： 为婴幼儿的空间知觉、视觉空间智能及大脑的发育做准备。同时，能充分锻炼其胸、腹、背部、四肢的肌肉，提高活动能力，保持良好的性格发展，促进语言发展，增强体质，为站立和行走奠定良好的基础。 2.操作要点： (1)“毛毯法”抵足爬行训练。 适用于手臂还撑不起身体的婴幼儿。成人用毛毯兜住婴幼儿胸腹部，让婴幼儿趴在床上。成人轻轻地把毛毯提起，这时另一位成人推动婴幼儿左手、右脚，前进一步后，推动婴幼儿右手、左脚，轮流交替进行，这样能训练婴幼儿手、膝爬行。在训练过程中要注意适时休息，并要多给婴幼儿鼓励。例如说“你真棒，真是好样的，加油”等鼓励的话语。 (2)手膝爬行训练。 把婴幼儿放在床上或柔软平整的垫子上，一个成人在婴幼儿前面，另一个在婴幼儿后面。前面的牵着婴幼儿的右手，后面的就推着婴幼儿的左脚；前面的牵着婴幼儿的左手，后面的就推着婴幼儿的右脚。如此能训练婴幼儿的匍匐爬行和手膝爬行。大一点的婴幼儿(10个月以后的)可以训练手脚爬行。 有的婴幼儿胆子小或者比较懒不愿意练爬行，这时可以在他前面不远处放置几个可爱的玩具或毛绒动物等，让他自己爬过去拿。这样时间长了他就知道多爬可以拿到很多玩具，就会慢慢地爬得多了。
8	站立训练	1.主要目标： 站立是走的前奏，是要求下肢支撑身体，随之直腰、挺胸抬头，使身体保持一定平衡的动作。通过站立，锻炼婴幼儿的平衡感。 2.操作要点： (1)牵拉训练法。 婴幼儿8个月后，可先让婴幼儿仰卧在床上，然后成人拉住婴幼儿的双手，稍用力将婴幼儿拉至坐姿，继而拉至蹲姿，最后拉成站姿，扶直其身体站立约2分钟后，再使婴幼儿仰卧床上。每次练习可反复进行3~5次。 (2)抓球训练法。 婴幼儿9个月后，在小床上方悬挂一彩球或铃铛，让婴幼儿扶床栏站立，然后成人轻轻左右摆动彩球或铃铛，逗引婴幼儿用手去抓、碰。每次练习时间不宜过长，应控制在2~3分钟。 (3)靠墙训练法。 婴幼儿9个月后，让婴幼儿背部、臀部靠墙，脚跟稍离墙，两腿分开成45°站立。婴幼儿站稳后，成人用玩具或语言等逗引婴幼儿，这时婴幼儿会情绪激动，兴奋地摆动身体，甚至用臀部碰击墙壁，在欢快的气氛中得到锻炼。

视频2-5

视频 2-6

续表

月龄	实操名称	操作要点
9	迈步走训练（视频 2-6）	1. 主要目标： 婴幼儿练习迈步动作，体验走路时的感觉。 2. 操作要点： 成人和婴幼儿面对面站好，成人用双手拉着婴幼儿的手，婴幼儿的小脚踩在成人的大脚上。然后成人边说儿歌，边跟着节奏带动着婴幼儿一步一步地向前走。
10、11	独走训练	1. 主要目标： 促进婴幼儿各种感官的发展、扩大视野，发展婴幼儿的空间知觉。同时，通过行走的训练，使婴幼儿动作更加灵活、协调，使其独立性得到充分的发挥。 2. 操作要点： （1）扶东西走练习。 训练婴幼儿扶床沿、栏杆、家具或墙壁移步。此时婴幼儿能够像小螃蟹一样扶着东西左右移动步伐横走，接下来让婴幼儿学习放开手也能走二至三步，加强婴幼儿平衡能力的训练。 （2）推车走练习。 训练婴幼儿双手扶推车学走。可利用学步用的推车，帮助婴幼儿克服走路带来的恐惧感，大胆行走。 （3）定向走练习。 定向走是更高水平的发展。就是教会婴幼儿向指定方向走，成人可以将婴幼儿的玩具如小动物玩具或小汽车等放在距离婴幼儿一米远的地方，鼓励婴幼儿走过去将玩具拿起来，并拿着玩具走回来，将玩具递给成人。 （4）独走练习。 在床上或地毯上让婴幼儿练习独立行走。开始时，成人在两边短距离接应，慢慢延长距离，使婴幼儿学会独行，也可从拉着手走到逐渐松手让婴幼儿自己进行练习。在婴幼儿会走后，常带婴幼儿到户外活动，练习自如行走。

表2-9　0～1岁婴幼儿精细动作发展活动操作表

月龄	实操名称	操作要点
1～3	手部抓握（视频2-7）	1.将摇铃或可以捏响的玩具悬挂起来逗引婴幼儿去抓握，训练婴幼儿的手部抓握能力。 2.成人将自己的手指或者容易抓握的物体逗引婴幼儿去抓握。
4～6	主动抓握物体	1.随着婴幼儿双眼视力的进步，由视觉引导的触碰技能逐步发展起来，这使婴幼儿在抓握时比前一阶段更具方向感，能在眼睛的指引下主动张开小手来抓住物体。不过这个阶段，大部分婴幼儿还无法很灵活地运用手指，对于想要的物品常常采取“五指并用一把抓”的形式，但也有些发展较快的婴幼儿会用双手撕纸，并有意识地将盖在自己脸上的丝巾拉开。 2.在婴幼儿伸手可及的范围内，悬挂一些容易抓握、带有声响的玩具，逗引婴幼儿向左右侧转或向前抓握玩具，以锻炼手眼协调能力和准确抓握的能力；引导婴幼儿将玩具从一只手转换到另一只手；也可以准备一些面巾纸让婴幼儿撕，以锻炼手指的灵活性。 3.经过以上锻炼，6个月时婴幼儿手的动作明显灵活了，能准确、熟练地抓起一般的物品。一开始婴幼儿抓握东西是大把抓，后来能够用拇指和其余四指相对抓握。为了帮助婴幼儿6个月以后用拇指和食指捏取小物品，我们可以让婴幼儿坐着(或者在靠垫的帮助下保持坐的姿势)，然后找来黄豆、绿豆、糖豆等小物品放在一个小盆里，并摆在婴幼儿面前。在小盆旁再放上另一个空的小盆，示意婴幼儿从一个盆里抓取物品放到另一个盆里。婴幼儿手指的灵活性，会在一遍又一遍的抓取中得到不断的强化。 4.先递给婴幼儿一个玩具，当他用一只手接住以后，再把第二件玩具递到同一只手，促使他学会把玩具从一只手传给另一只手，学习左右手的协调。当两只手都拿着玩具时，成人要做好示范，教会婴幼儿做对敲玩具的游戏，进一步训练左右手的协调。经过训练，到了6个月时，婴幼儿手里有玩具，再递给他玩具时，他会扔掉手里的玩具去拿另一个玩具，过一会还会拾起扔掉的玩具。 5.把婴幼儿抱至桌前，桌上放几种不同的玩具，让其练习抓握。每次练习3～5分钟，经常变换玩具，反复练习，并记录能准确抓握的次数。一人抱着婴幼儿，另一人在离婴幼儿1米处用玩具逗引他，观察他是否注意。与玩具接近，渐渐缩短距离，让婴幼儿一伸手可触到玩具。如果婴幼儿不会主动伸手朝玩具接近，可引导婴幼儿用手去抓握玩具，去触摸、摆弄玩具。
7～9	拿物体敲击（视频2-8）	1.这一阶段婴幼儿的小手能从“一把抓”发展到“用手指捏住”物体，能用拇指和食指的指腹捡取东西，并会换手后取另一样东西。9月龄左右，婴幼儿小手的控制技能加强，能手脑并用地将积木放进盒子里，再从盒子中取出来；并且懂得将不同的物品合起来玩，如拿玩具相互敲击、堆叠。 2.可准备一些面包片、香蕉丁等大小软硬都适中的食物，让婴幼儿用手抓着吃，以锻炼手眼协调能力。和婴幼儿玩积木游戏：当他两手各拿一块后，再放一块在他面前，引导他学习如何把抓住的东西放开；把积木放在婴幼儿够不到的餐垫上，引导他通过拉近餐垫来取得积木；鼓励婴幼儿拿玩具对敲，培养手的灵活性。

视频2-7

视频2-8

视频 2-9

视频 2-10

视频 2-11

续表

月龄	实操名称	操作要点
7～9	拿物体敲击（视频 2-8）	3. 玩多种玩具，训练婴幼儿有意识地将手中玩具或其他物品放在指定地方，成人可给予示范，让其模仿，并反复地用语言示意他"把××放下，放在××上"，由握紧到放手，使手的动作受意志控制，手-眼-脑协调又进一步。 4. 能有意识将手中的物品放下的基础上，训练婴幼儿玩一些大小不同的玩具，并教他将一小的物体投入到大的容器中，如将积木放入盒子内，反复练习。 5. 圆柱体的滚筒(饮料瓶代替也可)放在地上，让婴幼儿用两只手推动它向前滚动，待熟练后，再让婴幼儿用一只手推动滚筒，并把它滚到指定地点。可培养婴幼儿在戏耍中逐渐建立起圆柱物体能滚动的概念。
10～12	手指捏物、抓物（视频 2-9、2-10、2-11）	1. 这个阶段的婴幼儿用手指捏取物品时，拇指和食指的配合已经相当熟练了，能把很小的颗粒物准确地捏起来；想要拿取其他物品时，会主动放弃手里现有的东西，还能有意识地将手里的物品放到桌子上。待 12 月龄时，有些婴幼儿能五指并用地握住笔并在白纸上涂鸦，还能翻开书本。 2. 让婴幼儿学习搭积木，套圈和串珠游戏；给婴幼儿读绘本，练习翻页和培养阅读的兴趣；练习用拇指和食指将瓶盖打开再合上的动作；把小积木放在布或者纸下，引导婴幼儿把它们掀开后取出积木。 3. 拿一只带盖的塑料茶杯放在婴幼儿面前，向他示范打开盖，再合上盖的动作，然后让他练习只用大拇指与食指将杯盖掀起，再盖上，反复练习。用塑料套杯或套碗，让婴幼儿模仿大人一个一个套，以促进婴幼儿的空间知觉的发展。 4. 给婴幼儿选择适合翻页、有趣的书。在翻书中培养婴幼儿的专注力和爱阅读的习惯。 5. 教婴幼儿打响拨浪鼓。成人先转动手腕把拨浪鼓打响，然后递给婴幼儿，婴幼儿用摇哗铃棒的办法来摇，不能让拨浪鼓两边的小球打在鼓上。这时成人再示范，明确摇动手腕才能让小球打在鼓面上，再抓着婴幼儿的手腕练习，可以增加婴幼儿手腕的灵活性。

工作表单 3

教师评价

教师根据学生的实操演练，按照下表的评价内容进行评分并填写评语。

姓名		班级		学号	
操作题目					
项目分数	评分标准				得分
工作准备（10 分）	正确介绍操作名称，提前准备好操作材料。（5 分）				
	能正确阐述工作目标、适合年龄及注意事项。（5 分）				
操作流程（50 分）	操作过程无错误、手势正确无误。（20 分）				
	普通话标准，声音洪亮，用语准确。（10 分）				
	整个操作过程流畅、环节无遗漏。（15 分）				
	教具回收，排放整齐。（5 分）				

续表

姓名		班级		学号	
工作节奏(20分)	工作节奏适宜。(10分)				
	能和婴幼儿合理互动。(10分)				
仪表仪态(10分)	着装得体、大方,仪态优美。(10分)				
表现效果(10分)	能熟练地完成操作演练,展现教师的职业素养。(10分)				
指导教师点评		总分			

任务分析

此次任务包括三项任务流程,需要学生提前进行相关资料的查阅并结合所示案例进行相关月龄段的活动设计,最后需要教师结合教学目标与内容,在学生现有基础之上将知识点进行梳理与补充,并进行讲解。以此提高学生理论知识与实践相结合的能力与应用。

学习支持

游戏对0～1岁月龄段的婴幼儿动作发展起着至关重要的作用。在对0～1岁婴幼儿进行动作发展训练或进行教学活动方案设计时,可采用表2-3所示的游戏化教学方式进行设计与实操,以此来促进0～1岁婴幼儿运动的兴趣以及能力的发展与提高。

表2-3 适合0～1岁婴幼儿动作发展的游戏归纳表

月龄	游戏名称	游戏操作要点
0～3	小鱼游啊游	成人用手托住婴幼儿的身体,让其在浴缸里尽情地游泳。以此锻炼婴幼儿的手眼协调能力的发展。
	婴幼儿练体操	抬起婴幼儿双脚与床面呈45°,帮助婴幼儿屈伸左腿,至腹部。伸直左腿,使双腿与床面保持45°。放下婴幼儿的双脚,让婴幼儿舒服地仰卧。换右腿重复动作。以此锻炼婴幼儿下肢动作能力的发展。
	婴幼儿玩玩手	当婴幼儿把小手伸出来时,成人抚摸它或者用不同材料的东西触碰它。成人还可以把自己的手指放在婴幼儿手心,让他抓握。以此锻炼婴幼儿手部抓握的能力。
	小火车跑呀跑	拿起玩具小火车放到婴幼儿面前,吸引注意。对婴幼儿说:“小火车开车喽!”将小火车从左向右慢慢移动。一边移动一边模仿火车运行的声音。当小火车从婴幼儿身体的一侧移动到另一侧之后,“呜”地一声停下,等婴幼儿转头追随时,然后反方向移动。以此培养婴幼儿的注意力以及转头的能力。

续表

月龄	游戏名称	游戏操作要点
4～6	摘果果	成人把海洋球贴在一条细长的胶带上，然后让婴幼儿一个个地摘下来。以此锻炼婴幼儿的抓握能力。
	推宝塔	成人帮助婴幼儿将积木一块一块叠高高，然后让婴幼儿尽情推倒。以此锻炼婴幼儿的前肢肌肉力量。
	拍水花	成人预先把浴缸装满水；用语言鼓励婴幼儿在水中用手或脚拍出水花。以此增加婴幼儿的四肢力量。
	小手抓抓抓	准备布条、绒条、纸条、海绵条、橡皮条、绸条各一。先拿起布条放婴幼儿手里，让婴幼儿体会布条的温软，再拿起绒条让婴幼儿抓捏，感受不一样的感觉，以此类推。当婴幼儿把物体抓到手里时，成人解释："绒布软绵绵的，绸子滑溜溜的。"以此锻炼婴幼儿手指抓握的能力。
	五指游戏	选婴幼儿睡醒或刚洗好澡的时候，成人用自己的大拇指和食指轻轻抚摸揉捏婴幼儿的每一个手指和脚趾。一边捏一边给婴幼儿念儿歌："大拇哥、二拇哥、中轱辘、四小弟、五小妞爱看戏。"以此唤起婴幼儿五指肌肉的意识与知觉，为五指抓握能力的发展做准备。
	揉、撕游戏	此阶段的婴幼儿非常喜欢玩揉纸和撕纸的游戏，这也是训练婴幼儿手指灵活的一个好办法，可以给他各种不同的纸，如广告纸、包装纸、玻璃纸、卫生纸等。玩过几次，婴幼儿就会知道每种纸摸起来的感觉及声音都不一样。
	丢小球	一开始孩子只会把球拿在手中，即使引诱他，他也不知道要怎样做。这时成人要另拿一个球示范给他看，不要抢他手里的球。以此锻炼婴幼儿的手部动作力量。
7～9	拉大锯	成人与婴幼儿相对而坐，婴幼儿拉着成人的手坐在成人合并的双腿上，成人边说儿歌，边随节奏拉着婴幼儿做前俯后仰像拉锯一样的动作。儿歌内容为："拉大锯扯大锯，姥姥家看大戏，你也去，我也去，就是不让妞妞去。"成人可随机地对儿歌内容进行修改。以此让婴幼儿感受儿歌的节奏，锻炼婴幼儿身体俯仰的运动能力。
7～9	摇摇飞毯	让婴幼儿躺在一张厚实的毛毯上，两位成人分别抓着毛巾的一端，向前后左右方向轻摇，一次1～3分钟。以此锻炼婴幼儿的平衡能力。
	旋转棉被	让婴幼儿趴在棉被上，把头抬起来，成人拉起棉被的一角，顺时针方向旋转一圈，再逆时针方向转一圈。以此刺激婴幼儿的前庭发育。
	骑大马	婴幼儿双腿屈膝双手撑在地上，成人把婴幼儿放在另一位成人的背上，成人爬行带动婴幼儿爬行。以此加强婴幼儿的平衡感。
	坐飞机	成人屈膝让婴幼儿趴在成人小腿前侧，成人双手放在婴幼儿腋下，然后上半身躺下，成人双腿抬起婴幼儿晃动让婴幼儿感受飞机的颠簸。以此刺激婴幼儿前庭发育。
	摘星星	成人预先把夹子夹在衣服上，然后用语言引导让婴幼儿用手把夹子摘下来。以此提升婴幼儿手部精细动作的发展及力量的加强。
	我爱爬爬爬	成人先在大床上利用枕头和棉被等设置障碍物，然后鼓励婴幼儿在障碍物上爬动。以此锻炼婴幼儿的四肢协调能力及爬行能力。

续表

月龄	游戏名称	游戏操作要点
10～12	坐秋千	成人脱掉鞋坐在床边或者凳子上，婴幼儿面向成人坐在成人腿上，成人两手拉着婴幼儿的手，两脚上下、左右晃动，婴幼儿则跟着成人的腿一起晃动。以此来发展婴幼儿的运动能力及平衡能力。
	同步走	成人可光着脚或穿柔软的鞋站立，让婴幼儿面向成人站立，两只小脚分别踩到成人的脚面上。成人边弯腰边扶着婴幼儿往前走，带动婴幼儿往后退。也可以让婴幼儿转过身来，成人和婴幼儿同方向，带动婴幼儿共进退。以此锻炼婴幼儿的行走能力以及对身体的掌控能力。
	坐花轿	两个成人用右手握住自己的左手腕，再用左手分别握住对方的右手腕，形成一个方形的“轿子座”，然后蹲下，让婴幼儿分别把左右脚伸进两位成人环形的臂弯中，等婴幼儿坐稳后，两位成人起来可以四处走动，也可以上下晃动手臂，让婴幼儿享受一颤一颠的感觉。以此发展婴幼儿平衡、空间知觉等多方面的能力。
	小小音乐会	给婴幼儿准备一些小碗、塑料桶、盒子或是锅碗等用具，让他们尽情地敲打，演奏叮叮咚咚的乐曲。以此锻炼婴幼儿的手部力量和灵活性。
	穿越障碍物	成人用抱枕、毯子、毛绒玩偶构成婴幼儿爬行路上的障碍物，鼓励婴幼儿穿越障碍物，到达成人怀里。以此提升婴幼儿的运动机能。
	书上种小花	成人把书放在桌子上，然后一页一页地把它卷成花的状态，引导婴幼儿用食指伸进每一个花里，再一张一张地把它翻开来。以此促进婴幼儿手眼协调能力及手指精细动作的发展。
	水蒸气点点点	在给婴幼儿洗澡时，浴室的玻璃上会有水蒸气覆盖。成人可以引导婴幼儿用手指在玻璃上画出各种各样的图案。以此促进婴幼儿的精细动作及想象力的发展。

任务评价

任务名称	评价内容	评价等级				
		优秀	良好	中等	合格	不合格
0～1岁婴幼儿动作发展活动展示	掌握0～1岁婴幼儿动作发展活动的实操步骤					
	能够设计适宜0～1岁婴幼儿动作发展特点的游戏					
	能依据0～1岁婴幼儿动作发展活动方案，合作完成模拟实践活动，并进行反思评价					
	喜欢和0～1岁婴幼儿在训练和游戏中交流					

备注：请同学们根据自己对任务内容的掌握情况，在对应的等级打“√”

推荐阅读

[1]董奇,陶沙.动作与心理发展[M].北京:北京师范大学出版社,2004.

[2]北京红黄蓝教学研究中心.多元智慧培养亲子游戏100例(0–1岁)[M].北京:中国宇航出版社,2005.

[3]陶红亮.0–3岁婴幼儿游戏方案[M].长春:吉林科学技术出版社,2010.

项目小结

本项目以0~1岁婴幼儿的动作发展指导为主要学习内容。通过项目学习,理解和掌握0~1岁婴幼儿粗大动作、精细动作发展的特点,掌握动作发展的教育要点。能在实践中发展婴幼儿运动潜能,促进其身心健康发展,提高其平衡、灵活、协调及控制能力。熟记0~1岁婴幼儿的运动习惯,在动作游戏活动发展中能促使婴幼儿感受运动的乐趣。同时能根据实际对0~1岁婴幼儿的动作发展进行科学、有针对性的指导和训练。

思考练习

参考答案

1.适合0~3个月龄婴幼儿的运动游戏包括:(　　)。

A.骑大马　　B.小火车跑呀跑　　C.穿越障碍物　　D.婴幼儿玩玩手

2.请简述:0~1岁婴幼儿亲子动作活动的原则。

3.讨论:适合0~1岁婴幼儿精细动作训练的内容和方法有哪些?

实践实训

针对7个月大婴幼儿的特点设计一个大动作能力发展训练的游戏活动方案,应包括游戏名称、游戏目的、游戏时间、游戏方法、注意事项。

项目三

1～2岁婴幼儿动作发展训练

项目目标

1. 了解1～2岁婴幼儿粗大动作、精细动作发展的特点，理解动作发展的教育要点。

2. 掌握1～2岁婴幼儿粗大动作、精细动作发展训练的要点，发展婴幼儿运动潜能，促进机体生长发育、提高其平衡、灵活、协调及控制能力。

3. 熟悉1～2岁婴幼儿良好的运动习惯，在动作游戏活动发展中能促使婴幼儿感受运动的乐趣。

学习重难点

学习重点：

1. 掌握1～2岁婴幼儿动作发展的顺序及特点，理解动作发展的教育要点。

2. 能熟悉掌握1～2岁婴幼儿动作发展训练的方式方法，并能科学熟练地应用到教育实践中。

学习难点：

能了解1～2岁婴幼儿粗大动作、精细动作发展对全身动作发展的意义，同时能根据实际对1～2岁婴幼儿的动作发展进行科学、有针对性的指导和训练。

思维导图

- 1~2岁婴幼儿动作发展训练
  - 任务一 分析1~2岁婴幼儿动作发展教育要点
    - 1~2岁婴幼儿动作发展
    - 1~2岁婴幼儿动作发展指导要点
  - 任务二 1~2岁婴幼儿动作发展活动设计
    - 1~2岁婴幼儿动作发展活动的设计原则
    - 1~2岁婴幼儿动作发展活动的设计流程
    - 1~2岁婴幼儿动作发展活动的注意事项
  - 任务三 1~2岁婴幼儿动作发展活动展示
    - 1~2岁婴幼儿粗大动作发展活动操作
    - 1~2岁婴幼儿精细动作发展活动操作
    - 适合1~2岁婴幼儿动作发展的游戏归纳

任务一

分析1～2岁婴幼儿动作发展教育要点

任务描述

婴幼儿独立行走步态变稳，行走速度加快，逐渐出现跑、跳、攀爬楼梯等其他大动作，通过更加丰富的肢体动作探索周围环境与新鲜事物。

任务准备

与该任务相关的1～2岁婴幼儿动作发展的学习资料。

操作流程

工作表单1

小组讨论

总结1～2岁婴幼儿不同动作类型有什么发展特点，并记录在下列表格中。

顺序	月龄	粗大动作	精细动作
1			
2			
3			
4			
5			
6			
7			
8			
9			
10			
11			
12			
13			
14			
15			
16			
17			

工作表单2

小组讨论

概括1～2岁婴幼儿动作发展的内容,并记录在下列表格中。

月龄	粗大动作	精细动作
13～18		
19～24		

任务分析

此次任务包括两项任务流程,需要学生在查阅相关资料的基础上完成,最后需要教师结合教学目标与内容,在学生现有基础之上将知识点进行梳理与补充,并进行讲解。

学习支持

一、1～2岁婴幼儿动作发展

(一)1～2岁婴幼儿粗大动作发展

伴随着独立行走的发展,婴幼儿躯体移动从被动转为主动,活动开始具有主动性与独立性,他们开始主动接触事物,扩大认知范围。1～2岁婴幼儿的大动作由基础移动开始向基本运动技能过渡,如跑、跳、上下楼梯、攀登、踢、投掷等。

1.婴幼儿粗大动作发展生理特点

婴幼儿运动能力的发展是一个连续的过程,高级动作技能建立在简单反射技能基础上,复杂动作技能建立在简单动作技能基础上。动作的产生是在神经系统的作用下,通过肌肉的收缩和舒张产生的。在此时期,婴幼儿的大脑结构逐渐复杂化,大脑机能不断完善,大脑的各个结构建立了连接,小脑和大脑皮层的纤维增长迅速并产生髓鞘化,从而促进婴幼儿机体的平衡能力和肌肉控制能力的发展。同时,婴幼儿的大肌肉群不断发育,肌肉力量增长,肌肉纤维变粗,从而肌肉的运动水平较之前有所提高。由于婴幼儿的肌肉发育仍不完全,收缩力差,故容易疲劳,但婴幼儿机体的新陈代谢旺盛,在供氧充足的条件下,疲劳的肌肉恢复机能的速度也较快。因此,在婴幼儿活动时,应采用短时间、间歇性的活动方式。

2.婴幼儿粗大动作发展水平

13～18个月,婴幼儿能在没有帮助的情况下独立行走,行走时步态稳健;相较于走,婴幼儿在这一阶段更喜欢爬,能爬过低矮且坚硬的家具;能控制起步、停止及转弯,但动作不熟练;能拉着玩具倒退行走;开始出现跑这一动作,但步伐和节奏不均匀，上下肢动作还不够协调，不能很好地控制跑的速度和起止；能在搀扶下上楼梯；能独立完成蹲下、起立。

图3-1　婴幼儿在成人帮扶下上下楼梯

图3-2　婴幼儿独自完成下蹲动作

19~24个月，婴幼儿肌肉控制进一步增强，移动范围扩大，不仅能向前走，还能完成后退动作；能在走路时推拉物体；能扶着扶手上下楼梯；能连续跑3~4米；能双脚原地跳跃、向前跳；能手举过肩扔球；能踢球；能攀爬上立方体、脚凳、沙发等物体。

图3-3　婴幼儿独立上下楼梯

图3-4　婴幼儿双脚原地跳跃

（二）1~2岁婴幼儿精细动作发展

1岁以后婴幼儿精细动作的核心是手指间的协调活动和双手配合活动，主要表现在能够使用简单的生活工具，能够完成简单的自理活动等。

1.婴幼儿精细动作发展生理特点

这一时期，婴幼儿的小肌肉精细动作从大肌肉粗大动作中分化，进入更高级的动作发展水平。手眼协调能力的发展使婴幼儿精细活动更加丰富，手指灵活，手腕力量增强，掌握了许多手部的基本动作。脑结构的发展使婴幼儿对手和手指的控制能力增强，婴幼儿的精细动作技能较之前有了明显提高。

2. 婴幼儿精细动作发展水平

12～15个月，婴幼儿能灵活地用拇指与食指或中指拿取物品，能准确地放置物品，能叠放2～3块积木，能整手握笔在纸上涂鸦；16～18个月，婴幼儿学会玩更复杂的玩具，能叠放4～5块积木，并能用积木搭建简单的造型，能几页几页地翻书，能尝试着用三指握笔进行涂鸦，能模仿成人完成一些简单的生活技能，如擦桌子、扫地、拖地等；19～24个月，婴幼儿能串珠子，能叠放6～7块积木，能一页一页地翻书，能完成一些简单的生活技能，如穿鞋袜、拉拉链、拧东西等。

图3-5　搭积木

图3-6　系纽扣

二、1～2岁婴幼儿动作发展指导要点

1～2岁婴幼儿的动作发展较前一阶段已有较大进步，他们探索的范围扩大，主动性增强。因此在这一阶段应为婴幼儿创设安全有序、自由轻松的探索环境，提供丰富的感知材料，使婴幼儿在听、看、触摸等多种感知的作用下促进其身心发展。

（一）创设安全环境，鼓励婴幼儿主动探索

1～2岁的婴幼儿通过走、爬和跑等多种动作主动探索周围环境，感知世界，因此成人要为婴幼儿创造一个舒适、安全的环境，避免婴幼儿在探索活动中受到意外伤害，如在挑选桌椅时可采用圆角桌椅或是在家具锐角处安置护角；在地面铺设爬行垫，防止摔碰；空间内物品摆放整齐有序，减少障碍等。同时，随着这一时期婴幼儿精细动作的进一步发展，婴幼儿用手摆弄物品、拿捏物品的活动增加，成人要有意识地将小刀、玻璃制品等可能会危及到婴幼儿安全的物品安放妥当，将可能会被婴幼儿误食的螺帽、纽扣等物品存放安全，避免婴幼儿在探索环境的过程中发生意外。成人也大可不必过度担心，应在保证安全

图3-7　安全的探索环境

的前提鼓励婴幼儿主动对环境进行探索和感知，充分给予他们自由活动的机会，以刺激婴幼儿感知、认知及动作的发展。当然，在婴幼儿在探索活动中遇到困难而又无法解决时，成人应适时适当地提供帮助。

（二）提供榜样示范，塑造婴幼儿良好行为

在此阶段的婴幼儿特别喜欢模仿成人的行为，成人的行为会对婴幼儿产生影响，因此成人的言行举止要妥帖得当，便于给婴幼儿提供正确的榜样示范，帮助婴幼儿建立良好的行为习惯。成人对婴幼儿正确的模仿要给予及时肯定，引导婴幼儿的模仿行为与动作、认知、语言等其他能力的发展相联系，从而促进婴幼儿全面发展。

图3-8　及时肯定、鼓励婴幼儿

（三）丰富亲子活动，巩固亲子依恋关系

婴幼儿时期的亲子关系会直接影响到一个人的基本态度、行为模式和人格结构，甚至影响后续个人的成长与发展。在这一时期，成人可开展丰富多样的亲子活动，以建立与婴幼儿间的依恋关系。可以是有教育性的亲子活动，如各早教机构提供的大动作活动、音乐活动等，亦可以是生活活动。在生活中，成人可利用婴幼儿喜欢模仿这一特点，有意识地引导婴幼儿帮助成人一起做事，如学习使用拖把拖地、用抹布擦桌子等。在活动中成人需要及时给予婴幼儿反馈，积极回应婴幼儿的需要，通过拥抱、触摸等肢体接触给予婴幼儿充足的安全感。

图3-9　婴幼儿模仿成人擦地、扫地

（四）关注个体差异，守护婴幼儿健康成长

婴幼儿的动作发展受到遗传、生活环境、教养方式等不同方面的影响，会存在个体差异性，因此每个婴幼儿动作技能出现的时间或动作精细化发展程度会

有所不同。动作的发展是一个循序渐进的过程，有的婴幼儿掌握得快，有的婴幼儿掌握得慢，有的早，有的晚，具有一定的差异。成人应关注婴幼儿个体的差异性，有针对性地进行教育活动，并给予足够的耐心，坚持和婴幼儿一起练习，守护婴幼儿健康成长，切不可操之过急，亦不能拔苗助长，陵节而施。

资料链接

成人可以给婴幼儿准备足球、篮球、小皮球等多种球类，与婴幼儿一起在空旷的场地进行抛、接、踢、滚等多种活动，锻炼婴幼儿的腿部力量和身体协调能力。

1.跳跃运动

1～2岁的婴幼儿对于跳跃这一动作掌握还不是十分熟练，成人可以带领婴幼儿在草地、塑胶跑道等带有一定缓冲性的户外场所进行跳跃练习。

2.攀登

成人可以带领婴幼儿到一些做好安全措施的儿童乐园进行攀登练习，或在小区儿童游乐设施区域进行攀登锻炼，但是需要注意做好保护措施，防止婴幼儿摔落或发生其他意外。

3.滑滑梯

小区、公园中常见的滑滑梯对婴幼儿来说其实是一项综合性的运动，能够锻炼婴幼儿攀登、攀爬、坐、站等等多项运动的技能，成人可选择相对安全的滑滑梯设施让婴幼儿游玩。

任务评价

任务名称	评价内容	评价等级				
		优秀	良好	中等	合格	不合格
1～2岁婴幼儿动作发展教育要点	准确掌握1～2岁婴幼儿月龄段动作发展的特点与规律					
	能掌握1～2岁婴幼儿粗大动作与精细动作发展指导要点					
	具备合作意识与团队协作的能力					

备注：请同学们根据自己对任务内容的掌握情况，在对应的等级打“√”

推荐阅读

[1]何慧华.0–3岁婴幼儿保育与教育[M].上海:上海交通大学出版社，2013.

[2]张继平.0–3岁儿童发展心理学[M].上海:上海交通大学出版社，2019.

任务二

1～2岁婴幼儿动作发展活动设计

任务描述

1～2岁的婴幼儿粗大动作发展以移动运动为主，精细动作更加灵活，这一时期的动作发展与婴幼儿生活自理能力息息相关。在动作发展方面，该阶段的教育活动内容主要为：给婴幼儿提供练习独立行走、下蹲、转弯、上下楼梯、后退等的机会；能用小勺进食；能尝试握笔涂鸦；能搭放2～6块积木等。教育活动的设计与实施要符合这一阶段婴幼儿动作发展的特点。

任务准备

该任务相关的1～2岁婴幼儿动作发展活动案例资料。

操作流程

工作表单1

案例评析

阅读下述活动设计案例，思考并分组讨论其是否合理，并将讨论的结果进行分享。

找朋友

适用年龄：15个月婴幼儿

活动场地：家庭/早教中心

活动人数：3～5名婴幼儿及家长或教师

活动目标：练习婴幼儿走、停、转弯和倒退

活动准备：垫子、平衡步道、草皮垫等

活动过程：

1. 家长和婴幼儿排成一排，在对面约五米处的地面放置小兔子、小狗、小猫、小熊等毛绒玩具。

2. 教师向婴幼儿和家长介绍："小朋友们好，今天我们邀请了小兔子、小狗、小猫、小熊来做客，它们很想跟婴幼儿们成为好朋友，请我们的婴幼儿去邀请小动物吧！”

3. 教师示范玩法：爬过草地，走过独木桥，邀请一个小动物（拿一个毛绒玩具），转弯走回来。

4. 教师介绍活动价值

活动延伸：根据婴幼儿的兴趣可反复进行2~3次。活动中家长要鼓励婴幼儿开口说话，如“这是小兔子”等。

活动注意事项：

1. 毛绒玩具大小合适，选择婴幼儿用一只手方便抓、拿、抱的毛绒玩具。

2. 在家里，家长可利用家中柔软的物品充当婴幼儿行动路线中的障碍物，如抱枕、皮墩子等。

工作表单2

小组讨论

通过对1~2岁婴幼儿动作发展教育要点的复习，小组讨论并总结1~2岁婴幼儿动作发展活动的设计流程。

工作表单3

小组合作

结合1~2岁婴幼儿动作发展特点，根据示范案例，小组合作完成1~2岁婴幼儿动作发展的活动设计一项，并进行展示与分享。

小小建筑师(视频3-1)

视频3-1

适用年龄:12～18个月婴幼儿

活动场地:早教中心/家庭

活动人数:婴幼儿和成人各4人

活动目标:

1.掌握婴幼儿在此月龄搭积木的水平及指导方法

2.学会观察婴幼儿的情况,了解婴幼儿的发展水平

3.成人知道在家庭中开展此项活动的方法

活动准备:立方体积木适量;小安全帽;奖牌;绘本《建筑师的大创造》

活动过程:

1.与婴幼儿一起阅读绘本《建筑师的大创造》,让成人向婴幼儿提问:“建筑师是做什么的?”

2.活动展开

(1)教师:“宝宝们,让我们也一起体验一下建筑师的乐趣吧!”随后给成人分发小安全帽为婴幼儿佩戴。

(2)教师出示马路图片并告诉婴幼儿:“让我们先来铺一条大马路吧!”教师示范用3～4块立方体积木平铺修成一条马路。教师指导家长,让家长引导婴幼儿将3～4块积木平铺在一条直线上。

(3)教师出示高楼的图片并告诉婴幼儿:“让我们再来搭一座高楼吧!”教师示范用3～4块立方体积木搭3～4层楼。教师指导家长,让家长引导婴幼儿将3～4块积木搭3～4层楼。

3.结束活动,教师给婴幼儿颁发小奖牌。

活动注意事项:对婴幼儿来说,刚开始搭建高楼时难度较大,容易出现因积木摆放不齐或手部不灵活而造成积木倒塌,此时成人要耐心引导,给予婴幼儿充分的练习时间。

活动延伸:在家中,家长可用积木继续开展此活动,和婴幼儿一起搭建马路、大厦、高塔、城堡等建筑,也可根据婴幼儿的兴趣和生活经验搭建他们熟悉的物体。

任务分析

此次任务包括三项任务流程,需要学生提前查阅相关资料,并结合所示案例进行相关月龄段的运动活动设计。最后需要教师结合教学目标与内容,在学生现有基础之上将知识点进行梳理与补充,并进行讲解,以此提高学生理论知识与实践相结合的能力与应用。

学习支持

1～2岁婴幼儿动作发展的活动设计

一、1～2岁婴幼儿动作发展活动的设计原则

（一）重复性原则

婴幼儿动作的发展不是一蹴而就的，每一种动作技能都需要通过不断地重复与多次的练习才能逐渐熟练。因此在针对婴幼儿的某种动作技能进行设计与组织时，需要通过变化设计与组织形式，以多样化的方式使婴幼儿的动作技能得到重复锻炼。

（二）游戏性原则

1～2岁婴幼儿动作发展活动的设计与组织应以游戏性活动为主要形式。通过趣味的游戏活动促进婴幼儿的动作发展，使婴幼儿与成人在愉悦的氛围中主动参与活动，通过游戏锻炼婴幼儿的大小肌肉，增进亲子关系，避免单纯性的重复造成的枯燥无味。

（三）生活化原则

在设计与组织婴幼儿动作发展活动时，应将活动与日常生活相结合，从生活中寻找教育契机作为动作发展训练的内容或形式，如通过扣纽扣、握勺发展手部精细动作等。

（四）安全性原则

随着动作技能的发展，1～2岁婴幼儿的活动范围进一步扩大，此阶段的婴幼儿具有强烈的好奇心与求知欲，出现更多主动探索周围环境的行为。因此在设计与指导动作发展活动时，要注意活动的安全性，注意保护婴幼儿的身心健康，并应为婴幼儿提供安全、有序的探索环境。

（五）交替性原则

在进行动作发展活动设计与组织时，应充分考虑1～2岁婴幼儿神经系统易兴奋、易疲劳的特点，合理地安排活动顺序，采用脑体交替、动静结合的方式，粗大动作技能活动与精细动作技能活动交替进行，室外活动与室内活动交叉进行，以达到更好的教育效果。

（六）互动性原则

1～2岁婴幼儿动作发展活动的设计与组织一方面需考虑婴幼儿的主体地位，给予婴幼儿充分活动的自由，另一方面需要强调活动组织者、家长与婴幼儿之间的互动。在组织者的示范与指导下，婴幼儿获得了动作技能的训练，家长逐渐掌握教育活动的指导方法。通过多样性的活动增加家长与婴幼儿的互动，使家长理解活动的目的、价值和内容，掌握指导婴幼儿活动的方法和要点，在这

个过程中亲子关系逐渐深化，在轻松的活动氛围中增进亲子感情。

二、1～2岁婴幼儿动作发展活动的设计流程

（一）确定活动目标

1. 活动以促进1～2岁婴幼儿的动作技能发展为主要目标，而目标的设计并不局限于婴幼儿的动作发展，可适当渗透认知、语言、情感、社会等多维度的发展目标，以促进婴幼儿的全面发展。此阶段的动作教育活动需考虑婴幼儿认知、语言、情感等各个发展领域，设计与指导活动时在突出动作发展这一主要目标的前提下，融入各领域发展的需要，促进婴幼儿的全面发展。

2. 活动目标的设计应考虑此阶段婴幼儿动作发展的最近发展区，符合当前婴幼儿的发展水平，不能过难或过易，具有可操作性，每项活动着重对婴幼儿进行某项运动技能的训练即可。

3. 此阶段活动目标的设计应充分考虑指导教师、成人在活动及婴幼儿成长中的重要作用，让成人在教师的指导下了解婴幼儿该阶段的身心发展特点及规律，明确婴幼儿的典型行为，掌握指导婴幼儿动作发展的方法及要点，逐渐树立科学、正确的育儿理念。

（二）做好活动准备

1. 机构教师作为集体活动的主要设计者与组织者，应身心健康，无传染性疾病，熟悉该阶段婴幼儿动作发展的特点及规律，熟悉组织与指导活动的方法和技能，具备完成教育活动能力，做好知识储备与能力准备，并提前准备活动所需的环境及道具。

2. 家长应了解婴幼儿在该阶段可以完成的运动技能及可能达到的运动水平。在活动前帮助婴幼儿做好身心准备，如喝水、如厕等，为婴幼儿准备好活动中可能需要的物品，如水瓶、手绢等。

3. 活动前，婴幼儿需要解决基本的生理需求，保持情绪愉悦，身体健康，无不舒适感。在进行新的运动技能训练活动前，需要已较熟练地掌握前置技能。

（三）选择活动内容

活动内容的选择可结合任务一中1～2岁婴幼儿粗大动作及精细动作的发育特点和要点，进行制订。活动内容的选择要围绕活动目标进行，难易度适中，尽可能与日常生活相联系，以帮助婴幼儿在发展动作技能的同时提高生活自理能力。

（四）设计活动方案

1～2岁婴幼儿动作发展活动方案的设计一般包括活动名称、适合月龄、活动人数、活动目标、活动准备、活动过程、活动延伸、活动注意事项和反思与评价。

表3-1 1~2岁婴幼儿动作发展活动方案

方案环节	设计要点	示例
活动名称	用简单的语言表述出活动的目标或内容，语言生动，富有童趣，符合婴幼儿的年龄特点。	嘀嘀嘀，我是小司机！
适合月龄	指明该活动适宜的月龄段。	18~24个月。
活动人数	进行该活动的适宜人数。	1名指导教师、5名婴幼儿、5名家长
活动目标	活动目标应表述清晰、具体明确，具有可操作性，指明该活动具体训练的婴幼儿运动技能，兼顾婴幼儿身心全面发展。	1. 锻炼婴幼儿独自跑。 2. 使婴幼儿体会到活动的愉悦感。
活动准备	指明该活动需要具备的物质准备和经验准备。物质准备包括环境创设、材料和设施设备准备等；经验准备指婴幼儿在进行该活动前应该具备的生活经验或运动技能，并提前与成人做好课前沟通。	1. 约2米的长绳。 2. 与成人做好课前沟通。
活动过程	活动过程一般包括活动导入、活动进行及活动结束三大部分。 活动导入：通过音乐、律动、手指谣等引起婴幼儿与家长的兴趣，使婴幼儿与家长尽快进入活动状态。 活动进行：1. 向家长介绍活动名称、目标、内容、要求及指导要点；2. 教师示范操作；3. 婴幼儿操作，家长指导，教师巡视；4. 亲子互动，教师巡视指导。 活动结束：让婴幼儿和家长在愉悦的情绪中结束本次活动，在教师带领下进行放松活动与活动小结，家长分享活动经验。	1. 教师向家长介绍活动名称、目标、内容、要求及指导要点。 2. 教师示范游戏操作：教师（家长）双手抓住绳子两端套在婴幼儿身后，转身带着婴幼儿慢慢向前跑："嘀嘀嘀，开车啦！"在适当的时机慢慢停下或转弯："红灯了，停车！""前面要右拐啦！" 3. 家长指导婴幼儿进行游戏，婴幼儿熟悉游戏后可与家长进行角色互换，让婴幼儿充当小司机。 4. 在婴幼儿与家长游戏时，教师进行巡回指导。
活动延伸	教师根据活动中婴幼儿与家长的表现，提出指导建议，为家长提供可在课后或家庭中进行的活动形式、使用的活动材料及相应的指导要点。	家长在家中可利用丝巾、围巾等生活物品进行此游戏。
活动注意事项	提醒教师与家长在活动中婴幼儿可能出现的问题及状况，提醒家长在操作与指导中需要注意的要点和容易出现的错误。	家长在带领婴幼儿跑步时注意需小步、慢速前进，以防止婴幼儿摔倒。

续表

方案环节	设计要点	示例
反思与评价	反思与评价是指在本次活动结束后，教师对本次活动是否达成活动目标，婴幼儿在活动中是否情绪愉悦、积极主动等情况进行反思，发现问题并寻找对策。	在活动中，多数婴幼儿能较为熟练地完成独自跑步这一动作，情绪愉悦，积极主动；个别婴幼儿在跑时步态不稳，不能自如地控制停步。家长可根据婴幼儿的游戏情况，在家中或户外为婴幼儿提供更多的跑步机会。

三、1～2岁婴幼儿动作发展活动的注意事项

（一）机构中1～2岁婴幼儿动作发展活动的注意事项

针对1～2岁婴幼儿动作发展特点，机构在设计教育活动方案的注意事项有如下几点。

1. 在粗大动作的发展方面，此阶段为婴幼儿掌握大肌肉活动的重要阶段，在活动设计与实施时可以关注婴幼儿爬、站、走、跑、跳等大肌肉动作活动。（1）为婴幼儿提供宽阔、平坦、软硬适中的地面环境让婴幼儿练习爬行和行走；（2）活动时可播放律动音乐，让婴幼儿练习跟随音乐节奏做出身体律动；（3）为婴幼儿准备低矮楼梯供婴幼儿练习爬楼梯，锻炼其腿部力量。

2. 在精细动作发展方面，婴幼儿手部动作逐渐灵活，早教机构可为婴幼儿提供丰富多样的手部操作材料，如拼版或拼图、蜡笔、积木、串珠、贴纸、绘本等，指导婴幼儿搭积木、拼拼图、涂鸦、贴贴纸、翻阅绘本、点读绘本等。

3. 教育活动的设计与指导要符合1～2岁婴幼儿动作发展的特点和规律，每次活动应适量适度，松紧合适，防止过度活动给婴幼儿造成的身体伤害，避免婴幼儿因疲惫出现注意力分散、坚持性差等表现，从而影响活动效果。

案例：摘果子

适合月龄：15～20个月

活动场地：早教中心

活动人数：5～7人（1名教师，2～3名婴幼儿及其家长）

活动目标：

1. 掌握婴幼儿在此月龄上楼梯的水平及指导方法，使婴幼儿能够扶着栏杆双脚交替上楼。

2. 学会观察婴幼儿的情况，了解婴幼儿的发展水平。

3. 家长知道在家庭中开展此项活动的方法。

活动准备：

低矮多层且有扶手的台阶，高度适中的装饰树、水果玩具、小布袋等。

活动过程：

1. 教师介绍本次活动的价值：上楼梯是婴幼儿必须掌握的一项生活技能，通过上楼梯的训练可锻炼婴幼儿的腿部肌肉，增强婴幼儿的腿部力量。

2. 教师指向高处的装饰树对婴幼儿说："宝宝们，这棵树上长了许多果子，果子都熟透啦，请你们帮助老师一起把果子摘下来吧！"教师示范动作。

3. 请婴幼儿用手扶着栏杆，双脚交替上楼梯，走到能够到果子的高度（4～5层台阶），婴幼儿伸手够果子，将果子放到身上的小布袋里，继续向上走去摘果子，直到楼梯附近装饰树的果子都被摘掉。家长上前亲亲或抱抱以资鼓励。

活动注意事项：

1. 在游戏过程中，家长要多鼓励婴幼儿，不要急躁，不要催促婴幼儿。

2. 在游戏过程中，家长要不断对婴幼儿进行引导，教师要对婴幼儿和家长的表现给予指导。

3. 家长需全程陪伴婴幼儿，但无需过多干涉，多让婴幼儿自己尝试，遇到困难时再适时给予帮助。

活动延伸：

爬楼梯的练习在家庭环境（如单元内楼梯）和自然环境（小土坡、马路沿等）中都可进行，可在生活中抓住教育时机，及时对婴幼儿施加教育影响。

（二）家庭中1～2岁婴幼儿动作发展活动的注意事项

随着动作能力的发展，婴幼儿探索范围逐渐扩大，对于外界的好奇心和探索兴趣与日俱增，家庭是婴幼儿最熟悉也是经常探索的空间环境。在家庭中，家长可巧用日常生活物品作为动作发展活动的道具，以此吸引婴幼儿的兴趣，在促进动作发展的同时培养孩子基本的自理能力及良好的生活习惯。家长可鼓励婴幼儿自己用勺子吃饭、端杯子喝水等，以此为契机开展教育活动，也可利用沙发、床、纸盒、积木甚至是婴幼儿的手脚等身体部位来开展亲子教育活动，作为早教机构教育活动的延伸和补充。

案例：拧瓶盖

适合月龄：15～20个月

活动场地：机构/家庭

活动人数：2～3人

活动目标：锻炼婴幼儿手指和手腕的力量，发展婴幼儿手部的灵活性

活动准备：3个不同的带瓶盖的瓶子（瓶口大小有差异），在瓶身上贴上代表

婴幼儿、爸爸和妈妈的贴纸

活动过程：

1.妈妈跟宝宝说："宝宝，这里有三瓶水，爸爸妈妈和你一人一瓶，现在妈妈想喝水了，你能帮妈妈拧开瓶盖吗？"

2.请婴幼儿找到贴有妈妈贴纸的瓶子，鼓励婴幼儿自己尝试拧开瓶盖，在尝试的过程中妈妈可以适时提醒拧开瓶盖的方向和方法，并给予示范操作。

3.婴幼儿拧开瓶盖后，妈妈假装喝水，再请婴幼儿将瓶盖盖好："谢谢宝宝，妈妈喝完水了，能请你帮妈妈再把瓶盖盖好，好吗？"请婴幼儿尝试拧好瓶盖，注意提醒婴幼儿拧瓶盖的方向。

4.在妈妈的提醒和帮助下，让婴幼儿尝试拧开和盖好其他两个瓶盖。

活动注意事项：

1.瓶盖不要拧得太紧，以免影响婴幼儿练习效果。

2.在活动开始前认真检查瓶口附近是否光滑，以免划伤婴幼儿。

3.水瓶中水不要太多，以免婴幼儿在操作时液体流出。

活动延伸：家长可在平时注意收集不同口径大小和材质的瓶子供婴幼儿练习

资料链接

传统又简单的互动游戏①

有些简单的游戏是婴幼儿非常喜欢的，并且他们常常不断地重复这些游戏。成人需要做的是运用各种材料和玩具帮助婴幼儿学习如何玩，并与他们进行互动。

1.躲藏和寻找游戏

婴幼儿从7个月就可以开始玩躲猫猫游戏:成人把自己或婴幼儿的脸或头部遮起来，然后再忽然露出来。这类游戏可以安排在穿衣服或洗脸时，多次重复后，婴幼儿能学会自己把盖在脸上或头上的东西扯下来。再大一些的婴幼儿开始把自己藏起来，例如藏在被子里、纸箱里或桌子底下，他们常常会因为看不见成人以为成人也消失了，然后向外偷偷张望，当发现成人正在找他们，他们会继续把自己藏起来或兴奋地笑起来。

这类游戏不仅有助于婴幼儿精细动作的发展，还有助于其了解"客体永久性"，解决"自我中心"问题。从这个游戏中，婴幼儿还能获得情感和心理的抚慰，因为他们知道有人在寻找他们并总能找到。

① 徐琳.0-3岁婴幼儿保育与教育[M].江苏：南京凤凰教育出版社，2021.

2. 建造和推倒游戏

这类游戏指婴幼儿将积木或套盒搭建起来，然后将其推倒。在此过程中，婴幼儿能够发展手眼协调能力和精细动作技能;逐渐认识到自己的行为会影响物体，获得控制感和权力感，有利于其自尊心的建立;理解因果关系、平衡和位置的关系;建立语言和动作的联系;与他人一起玩，还能学会规则与合作。

任务评价

任务名称	评价内容	评价等级				
		优秀	良好	中等	合格	不合格
1～2岁婴幼儿动作发展活动设计	准确掌握1～2岁婴幼儿动作发展活动的设计原则、设计流程及注意事项					
	能针对1～2岁婴幼儿动作发展的实际要点，科学合理地设计相关月龄段动作发展的亲子活动					
	能科学实施1～2岁婴幼儿动作发展活动					
	具备合作意识与团队协作的能力					

备注:请同学们根据自己对任务内容的掌握情况，在对应的等级打“√”

推荐阅读

[1]张红 .0–3 岁婴幼儿教育活动设计与指导[M]. 上海：华东师范大学出版社，2021.

[2]邹玲 . 家庭中的 0–3 岁儿童亲子游戏设计[M]. 上海：上海交通大学出版社，2019.

[3]陈海丹 .0–3 岁亲子早教课程[M]. 上海：复旦大学大学出版社，2020.

任务三

1～2岁婴幼儿动作发展活动展示

任务描述

与0～1岁相比，1～2岁婴幼儿的运动能力有了较大提高，探索世界的能力也得到了提升。婴幼儿动作的发展与婴幼儿的大脑开发、感知觉的精确化、语言的发展、心理的发展、体质的增强、情绪的表达、良好的个性形成有着密切的关系。因此在1～2岁这个阶段重要的是通过活动游戏直接地发展婴幼儿身体运动智能，并在此基础上促进1～2岁婴幼儿的全面发展。

任务准备

1. 所需实训室：婴幼儿感觉统合实训室。
2. 音视频素材：轻音乐、歌谣。
3. 实操所需的玩教具。
4. 该任务相关的1～2岁婴幼儿动作发展的游戏及实操内容。

操作流程

工作表单1

小组讨论

小组搜集资料，讨论总结适合1～2岁年龄段婴幼儿粗大动作及精细动作能力发展的游戏有哪些？并将讨论的结果填写在下表中。

月龄	粗大动作游戏	精细动作游戏
13		
14		
15		
16		
17		
18		
19		
20		
21		
22		
23		
24		

工作表单2

实操演练

小组根据表3-4和表3-5的操作提示，进行1～2岁婴幼儿动作发展活动操作展示，注意操作时的准确性。

表3-4　1～2岁婴幼儿粗大动作发展活动操作表

月龄	实操名称	操作要点
13～15	爬行训练	1. 水平的爬行。 给婴幼儿提供喜爱的玩具放在垫子或毯子上，成人可以移动玩具放在不同地方，让婴幼儿跟随移动的玩具爬行。或者让婴幼儿在垫子上模仿小动物爬行并发出相应的叫声，也可以叫上其他婴幼儿与同伴比赛爬行速度，增加婴幼儿运动的兴趣。 2. 有高度的攀爬。 在成人的帮助下让婴幼儿爬上不太高的矮滑梯，再让婴幼儿扶着成人或者滑梯扶手慢慢滑下来，训练婴幼儿手脚动作的协调能力。 3. 有障碍的攀爬。 利用沙发靠垫、小椅子、毛绒玩具等进行组合，为婴幼儿设计爬行的路线，帮助婴幼儿练习灵活爬行。或者带领婴幼儿到户外干净、安全的场地爬过轮胎、箱子等障碍物。
	站立训练	1. 辅助站立。 成人伸出双手拉着婴幼儿手臂或者让婴幼儿拽着成人的双手站起来。也可以在桌上放上婴幼儿喜欢的玩具，吸引婴幼儿拉着扶手自己站起来，同时要多给婴幼儿鼓励。 2. 独自站立。 成人选取婴幼儿喜欢的儿歌，引导婴幼儿在独自站立的过程中跟着音乐节奏拍手，或者在站立中自如地做各种动作，在游戏过程中锻炼婴幼儿下肢肌肉的力量。
	独立行走训练（视频3-2）	1. 辅助行走。 1岁婴幼儿基本能够独立走路，但还不是太稳。这个时候的婴幼儿特别愿意自己走路，成人要鼓励婴幼儿，多给练习的机会。婴幼儿刚开始练习走路时，成人可引导婴幼儿扶着屋内的沙发、桌椅等绕圈走，或者借助支撑物，例如推着小车类的玩具走，也可在两个成人之间学走。2. 独立行走。 2. 独立行走 等到婴幼儿走路的稳定性提升后，将辅助物移远，让婴幼儿练习独立走，可蹲在距离婴幼儿1～2米的地方呼唤婴幼儿走近，也可为婴幼儿准备喜爱的、新颖的玩具或音乐来吸引他们跟着玩具或者音乐移动行走，激发婴幼儿走路的勇气。到后期可在天气好的时候带领婴幼儿到户外练习走路，还要保证周边环境的安全，让婴幼儿远离尖锐的桌角和墙角。此外，成人不要因为婴幼儿在屋子里走来走去觉得碍手碍脚而限制他们，要多给婴幼儿锻炼、学习的机会。

视频3-2

续表

月龄	实操名称	操作要点
13–15	独立行走训练 (视频3–2)	3.抱着玩具走。 成人鼓励婴幼儿抱着自己喜欢的玩具走到爸爸妈妈面前送给爸爸妈妈。在拿到婴幼儿递过来的玩具时要给他们鼓励，使婴幼儿获得成就感。婴幼儿在走路时，成人要在旁边看护，以防婴幼儿跌倒摔伤。 4.拖拉东西走。 在这个时期，婴幼儿很喜欢把东西搬来搬去，当婴幼儿发现很多东西会因为他的努力而发生改变时，会很有成就感。婴幼儿会用小绳拖拉着小车走，推着摇篮车走，成人可以在小推车里，放一些轻便的小玩具，让婴幼儿当小运输工。也可以由成人拖着小车，让婴幼儿来追，这样会让婴幼儿觉得更有趣味。也可以利用生活中常见的材料为婴幼儿制作简单好用的玩具，如准备一个小瓶子、易拉罐，系上小绳子让婴幼儿拖着玩。
	弯腰蹲起训练 (视频3–3)	1.婴幼儿走路很稳之后，开始能够自如地蹲下、起来、弯腰。这时成人要鼓励婴幼儿当家庭小帮手，在婴幼儿游戏玩耍结束后，帮助成人一起收拾自己的玩具，训练婴幼儿弯腰捡东西并平稳站起的能力，同时帮助婴幼儿养成良好的生活习惯。 2.和婴幼儿一起在平坦的地面进行滚球、推球，成人可以先给婴幼儿示范玩法，弯下腰用双手将球向前面推去或滚去，再站起来观察自己运球的方向，然后再把推出去的球捡回来再继续。 3.在地面上为婴幼儿准备一些小球，一起捡拾地上散落的小球并放在指定的容器里，或者带领婴幼儿到户外捡拾树叶和石块，训练婴幼儿的起步、停步和弯腰蹲下保持平衡站起来再走。
16～18	上下楼梯训练 (视频3–4)	1.扶栏上下楼梯。 一般来说，婴幼儿先学会上楼梯，再学会下楼梯。一开始婴幼儿需要用两只脚去踏每一级台阶，有些婴幼儿会倒退着下楼梯也是正常的。成人在让婴幼儿进行上下楼梯的练习时，刚开始可引导婴幼儿一只手扶着楼梯扶手、栏杆和成人的手，一步登上，两足站稳再向上迈步，练习两步一级上楼梯。上楼梯后，成人再牵着婴幼儿慢慢学习两足站稳之后，再一步一步向下迈。 2.自己上下楼梯。 在婴幼儿行走比较自如之后，可有意识地让婴幼儿练习自己上楼梯，从较矮的楼梯开始，让婴幼儿不扶人自己一级一级上，再训练婴幼儿一级一级下楼梯，锻炼婴幼儿的下肢力量。在婴幼儿上下楼梯的过程中，成人要做好安全防护工作，同时要鼓励婴幼儿的每一次进步。
	投掷训练	1.自由投球。 可进行双人玩球游戏，与婴幼儿交替扔球和投球，指导婴幼儿双手举过肩用力将球抛出去，直至能够自由地用双手扔球，以此锻炼婴幼儿双臂的力量。 2.有方向投球。 在离婴幼儿有一段距离的地上画一个圆圈或给婴幼儿制作一个篮筐，让婴幼儿投掷到相应的位置，投球的距离一开始可以近一点，然后慢慢增加距离，以此锻炼婴幼儿的动作协调能力。

视频3–3

视频3–4

续表

月龄	实操名称	操作要点
16～18	投掷训练	3.圈套玩具。 在地面上摆放上各种不同的玩具，给婴幼儿提供圆环，协助婴幼儿双手或者单手拿着圆环近距离投掷套地上的玩具，套中的玩具作为给婴幼儿的奖励。投掷的过程可以训练婴幼儿的眼手协调能力。
	脚踢训练	1.自由踢球。 这个时候的婴幼儿活动的范围扩大，婴幼儿喜欢到户外玩耍，喜欢操控一些物体发生位置的改变。成人可以带领婴幼儿到户外与其他小朋友玩耍，给他们准备一些小皮球，让婴幼儿在宽敞的场地自由踢球，成人要在旁边看护，以防婴幼儿被球绊倒。 2.有目标踢球。 成人分别站在婴幼儿的左前方和右前方，让婴幼儿能大概根据成人的手势和指令将球踢向不同的方向。鼓励婴幼儿踢球，做对了给予表扬。也可以用凳子或者箱子搭成球门，成人先示范将球踢进球门，然后让婴幼儿试踢，踢进去要给予鼓励。
19～21	跑步训练	1.直线跑。 成人在婴幼儿面前慢慢地退后跑，面对面引导婴幼儿跟着向前跑和停。让婴幼儿模仿小汽车或小火车向目的地方向跑，让婴幼儿体验直线跑，或者让婴幼儿跑着追滚动的皮球，使他们感觉到“跑”不是那么单调，而是充满了乐趣。 2.变向跑。 成人准备肥皂水，用肥皂水吹泡泡，鼓励和引导婴幼儿跑着去追泡泡，并尝试伸手将泡泡击碎，让婴幼儿在游戏的过程中提高奔跑和变换方向跑的能力。 3.躲闪跑。 成人手牵手围成圈当“大渔网”，让婴幼儿当“小鱼”。成人边念儿歌“许多小鱼游来啦”，婴幼儿边自由地穿梭跑动，当念到“快快捉住”时成人要做出收网的动作，婴幼儿要赶紧躲闪大人的“捕捉”，以此锻炼婴幼儿灵活奔跑的能力。
	跳跃训练（视频3-5）	1.搀扶直立跳跃。 成人拉着婴幼儿的双手与他面对面站立，先示范双脚跳一次，然后与婴幼儿一同跳。或者带领婴幼儿到娱乐场地，扶住婴幼儿双手或一只手在蹦床上双足跳，可以提高婴幼儿学跳的兴趣。成人也可以用双手牵着婴幼儿从最后一级台阶跳下，让婴幼儿渐渐学会单手牵着跳下台阶。 2.向前跳跃。 婴幼儿开始喜欢在散步时由成人牵着手双足往前跳跃。成人可以在地上划两条线当作“小河”，鼓励婴幼儿跳过“小河”。或者在地上画几个边长为15～20cm的方格，与婴幼儿玩跳方格游戏。也可以在地上放一张16开的纸，鼓励婴幼儿用双足跳或单足跳的方式跳过去。成人应在婴幼儿前方保护，避免婴幼儿摔倒。

视频3-5

续表

月龄	实操名称	操作要点
19～21	跳跃训练(视频3-5)	3.跑跳结合。 在婴幼儿能够平稳跳跃的基础上，带领婴幼儿到户外玩耍，可以为婴幼儿创设故事情境，与婴幼儿一起进行简单的角色扮演游戏，或者与其他同伴玩你追我跑的游戏，锻炼婴幼儿边跑边跳的动作能力。
22-24	平衡训练	1.单脚站立。 这个时期可让婴幼儿扶着物体或成人练习单脚站立，锻炼婴幼儿下肢肌肉的稳定性和平衡能力，成人要在旁边保护婴幼儿。 2.倒向走。 当婴幼儿能够根据指定方向走稳后，可以引导婴幼儿学着向后倒退走，成人可在身后叫婴幼儿的名字，鼓励婴幼儿不要害怕，并不断表扬婴幼儿走得很棒，在背后张开双手保护婴幼儿。 3.踮脚走。 成人可让婴幼儿观察动物的走路姿势，学各种小动物踮着脚尖走路，边走边作出不同的表情，这个游戏不仅能发展婴幼儿的平衡能力，还能够引导婴幼儿较好地控制自己的身体。 4.跨越障碍走。 成人可为婴幼儿创设故事情境，设置一些人为的障碍物，引导婴幼儿跨越路牙子、小河沟等障碍去救小动物，锻炼婴幼儿保持身体稳定与平衡的能力。 5.曲线走。 可在地上画一条S型小河，用积木或其他物品摆出弯曲通道，让婴幼儿随摆放路线的方向走，尽量不要超出规定的范围。 6.走平衡木。 这个时候的婴幼儿很喜欢走平衡木，成人可以拉着婴幼儿的手，走一走拼搭的平衡木，对婴幼儿的平衡能力和协调性很有好处。

表3-3　1～2岁婴幼儿精细动作发展活动操作表

月龄	实操名称	操作要点
13-15	抓握训练(视频3-6)	1.握勺吃饭。 1岁以后的婴幼儿在精细动作方面有了巨大的进步，小手越来越灵活。婴幼儿开始能够握住勺子吃饭，成人要鼓励婴幼儿尽可能自己吃饭，以此锻炼婴幼儿手部肌肉的控制能力，提高手指的灵活性，这有利于婴幼儿动作的发展。有时候婴幼儿会将饭菜洒在碗外面，成人不要急于纠正，更不要批评，应鼓励婴幼儿自己吃饭。 2.玩沙。 喜欢玩水、玩土、玩沙是婴幼儿的天性，成人可以准备一盆干净的沙子，再给婴幼儿一些小瓶子、小勺子，婴幼儿会玩得乐此不疲。 3.塞小球。 可为婴幼儿准备1个带洞的小桶、1个小碗、10个小球、1个塑料筐。成人先做示范动作，拿起1个小球，从洞口塞进小桶，做的时候，要做得慢、夸张，以利于婴幼儿模仿。婴幼儿把小球都放进去以后，成人再倒出来，让婴幼儿再来1次。

视频3-6

续表

月龄	实操名称	操作要点
13-15	抓握训练 (视频3-6)	4.涂鸦。 婴幼儿握笔的能力开始提高了,能够自己握笔涂涂画画,画出不同的线条,成人要为婴幼儿提供一张白纸,和不同颜色的画笔,让婴幼儿尽情涂鸦,在这个过程中,婴幼儿的小手能越来越灵活地控制物体了。
16-18	揉捏训练 (视频3-7)	1.分拣豆子。 可为婴幼儿提供体积较小,重量较轻的物体,如豆子、珠子等,让婴幼儿用三指捏的方式拿取物品并放进不同的容器中。 2.玩夹子。 先准备一个夹子(水果图案类夹)、小筐、卡片纸(画有水果类图案)。可以让婴幼儿练习将夹子夹在指定的位置上。在练习过程中,成人要注意自己的引导方式,让婴幼儿明白"一一对应"的方式。例如:让婴幼儿用夹子把卡片纸夹到小筐里,或夹到台面上等等。 3.翻书。 婴幼儿可一次翻书2～3页,能够用拇指和食指进行对捏、对搓、翻等翻书动作,在此阶段要锻炼婴幼儿掀开和合上动作,以及拇指和食指配合进行捏、捻、搓、提翻的动作。这可以促进婴幼儿手眼协调能力的发展,同时可以培养婴幼儿的阅读兴趣。 4.撕贴贴画。 可为婴幼儿提供喜欢的动画人物或者小动物的贴画,让婴幼儿练习把贴画撕下,再贴到准备的纸张上。或者给婴幼儿准备可以贴在脸上的红点,让婴幼儿给成人贴上,也可以让婴幼儿对着镜子贴在自己的脸上。 5.捏纸片。 成人可用薄薄的纸片剪成不同的图形放在桌面上,让婴幼儿练习拿起、放下的动作,每完成一次,成人要积极给予鼓励,促进婴幼儿五指分化,提高手指的灵活性,过程中还可以帮助婴幼儿识别不同的图形和颜色。 6.制作面团。 成人可以为婴幼儿提供面团,让婴幼儿在揉、捏、搓、压等玩面团的过程中锻炼手部的精细动作,在婴幼儿制作面团的过程中要多和他交流,无论他做成什么样都要给予鼓励,这样才能增加婴幼儿的兴趣。
19～21	双手协调训练	1.拧瓶子。 成人可利用家里的小瓶子让婴幼儿练习拧的动作。给婴幼儿准备有盖的空瓶子若干,让婴幼儿拧开所有的盖子后,再把所有的盖子拧紧。 2.切水果。 可以与婴幼儿玩过家家的游戏,准备一些安全的塑料玩具,让婴幼儿练习切水果的动作。例如,可以教婴幼儿把可以粘贴在一起的塑料苹果、西瓜、梨等水果用塑料小刀切成两半,通过反复练习,提高婴幼儿手眼协调,锻炼手的灵活性。

视频3-7

续表

月龄	实操名称	操作要点
19～21	双手协调训练	3.穿珠子训练。 成人和婴幼儿拿一根塑料丝和一颗黄豆大的珠子,成人先示范,鼓励婴幼儿模仿串珠。先给一颗珠子,穿进一颗后再给一颗,要求能穿进五颗以上。在此基础上再教婴幼儿把鞋带穿进洞眼,再从另一头把鞋带拉出来。 4.扣纽扣。 成人在给婴幼儿穿衣服扣纽扣或者拉拉链的时候,可以用语言提醒婴幼儿注意看成人是如何操作的,边扣纽扣边说技巧,然后让婴幼儿自己来完成,在锻炼婴幼儿双手协调的同时也发展婴幼儿的生活自理能力。
22～24	手眼协调训练	1.涂鸦。 涂鸦对这个时期婴幼儿的发展非常重要,他们的涂涂画画大都没有什么目的,但在乱涂乱画的过程中婴幼儿的小手会越来越灵活,他们的 想象力和创造力也在这个过程中得到发挥和发展。成人可将婴幼儿喜欢的事物打印出来粘贴在同一张纸上的不同位置,让婴幼儿尝试将两个物体用画线的方式连接起来,提高婴幼儿手部肌肉的控制能力。或者给婴幼儿提供笔和纸,让婴幼儿用画笔在空白的纸上随意涂画。在没有纸笔的情况下也可以带着婴幼儿用树枝小棒在沙地上涂、划。 2.折纸、撕纸和剪纸。 在婴幼儿面前放一张边长15cm的正方形纸或手帕,成人先示范把纸是如何对折的,然后请婴幼儿自己折纸。 也可以让婴幼儿沿着白纸上的画的图形边边把图案的形状大概撕下来。2岁左右的婴幼儿可以开始练习使用剪刀,剪裁能够有效锻炼婴幼儿的手部动作,婴幼儿一只手拿纸一只手拿剪刀的动作能够提升婴幼儿双手协作的能力。 3.搭建积木。 这时候婴幼儿也喜欢拼拼搭搭,成人可以给婴幼儿一些积木并陪他一起玩,可以就地取材利用废旧木头或木工的边角料自制积木,引导婴幼儿利用积木进行垒高和围合的练习,成人可在一旁示范。还可以为婴幼儿提供雪花插片或者提供建筑和动物的图片,让婴幼儿根据图形自由使用积木独立搭建出各种造型。婴幼儿喜欢推倒积木是天性而不是破坏,这是在推搭中学习。除了积木,生活中常见的一些材料也可以给婴幼儿拼搭着玩,如:火柴盒、小瓶盖、套碗等,促进婴幼儿小手和大脑的发展。 4.钓鱼。 给孩子提供有磁铁性质的钓鱼玩具,可先给婴幼儿示范,再让婴幼儿自己操作,拿着有磁性的鱼竿,去靠近有磁性的小鱼,将小鱼从小鱼塘里吸上来,以此锻炼婴幼儿的手眼协调能力。 5.形状认知拼版拼图。 成人分别拿出圆形、方形、三角形等几何图形,逐一让婴幼儿玩耍,让他熟悉各种图形。当婴幼儿在玩弄时无意中将形块放入相应的洞里时,成人要称赞。成人可一块一块地把形块递给他,让他逐一尝试着放入,必要时给予指示和帮助。 6.剥东西。 为婴幼儿提供鸡蛋或者花生,先让他练习剥开口的鸡蛋和花生,逐渐过渡到剥不开口的鸡蛋和花生。练习时间不宜过长,每周3次,每次10～15分钟。

工作表单3

教师评价

教师根据学生的实操演练，按照以下评价内容进行打分并填写评语。

姓名		班级		学号	
操作题目					
项目分数	评分标准				得分
工作准备（10分）	正确介绍操作流程，提前准备好操作材料。（5分）				
	能正确阐述工作目标、适合年龄及注意事项。（5分）				
操作流程（50分）	操作过程无错误、手势正确无误。（20分）				
	普通话标准、声音洪亮、用语准确。（10分）				
	整个操作过程流畅、环节无遗漏。（15分）				
	操作教具回收，教具排放整齐。（5分）				
工作节奏（20分）	工作节奏适宜。（10分）				
	能和婴幼儿合理互动。（10分）				
仪表仪态（10分）	着装得体、大方，仪态优美，台风端正。（10分）				
表现效果（10分）	能熟练地完成操作演练，展现教师的职业素养。（10分）				
指导教师点评			总分		

任务分析

此次任务包括三项任务流程，需要学生提前进行相关资料的查阅并结合所示案例进行相关月龄段的运动活动设计，最后需要教师结合教学目标与内容，在学生现有基础之上将知识点进行梳理与补充，并进行讲解。以此提高学生理论知识与实践相结合的能力与应用。

学习支持

游戏对1～2岁月龄段的婴幼儿动作发展起着至关重要的作用，在对1～2岁婴幼儿进行动作发展训练或进行教学活动方案设计时，可采用表3-4所示的游戏化教学方式进行设计与实操，以此来促进1～2岁婴幼儿运动的兴趣以及能力的发展与提高。

表3-4　适合1～2岁婴幼儿动作发展的游戏归纳表

月龄	游戏名称	游戏操作要点
13～15	变高变矮	成人与婴幼儿面对面站立，两个人同时举起双手向上伸，尽量伸到最高处，一起说："变变变，变高了。"然后继续说："变变变，变矮了。"两人再同时蹲下，用双手抱住头，把头垂低，以此训练婴幼儿站立和弯腰蹲起的能力。

续表

月龄	游戏名称	游戏操作要点
13～15	扭一扭	在房间或者平坦的地面，给婴幼儿播放节奏感较强的欢快音乐，让婴幼儿的身体能够跟着音乐动起来，在站稳的情况下，鼓励婴幼儿自己增加一些上半身动作，以此锻炼婴幼儿双腿和双手的能力。
	玩滑梯	选择只有3～4级高的滑梯，滑梯幅度不要太大，成人扶着婴幼儿爬上到平台，扶婴幼儿坐下，让他双手扶着两边的护栏或拉着成人的双手向下滑，如果下面无人就可以让婴幼儿自己慢慢向下滑，婴幼儿玩得开心会要求再玩，以此锻炼婴幼儿爬上爬下和身体的协调能力。
	收纳小能手	为婴幼儿提供一个收纳箱，收纳箱上方用纸板封好并留出大小适宜的孔洞，让婴幼儿自己蹲下捡拾玩具球并站起，然后平稳地走到收纳箱并将玩具球放进预留孔洞的收纳箱里，以此促进婴幼儿小肌肉的控制能力、手眼协调和肢体协调能力。
	垒积木	成人为婴幼儿提供积木，引导婴幼儿尝试把几块积木搭起来或者围起来，并且交给婴幼儿一些搭积木的方法，也可以利用生活中常见的一些生活材料，如小盒子、小盖子等让婴幼儿练习垒搭积木，以此锻炼婴幼儿手部的简单操作能力。
	投硬币	给婴幼儿准备一个存钱盒，盒子上留一条宽度适宜的缝，成人给婴幼儿做一次示范，把硬币投入缝里，硬币就不见了，再用手摇摇盒子能够发出声音，然后成人给婴幼儿一个硬币，引导婴幼儿准确地将硬币放进存钱盒里，以此锻炼婴幼儿手指的灵活性。
16～18	我是一只小小鸟	天气好的时候，带婴幼儿去户外安全、宽敞、平坦的地方，同婴幼儿一起张开双臂当翅膀学小鸟飞。一面同婴幼儿唱歌，一面有节奏地使双臂上下运动，两腿慢慢小跑，使上下肢同时活动，以此锻炼婴幼儿肢体大动作的发展。
	高处取物	给婴幼儿搬个凳子放在床前或沙发前，搀扶婴幼儿先上凳子，然后把一条腿抬起放床上或沙发，帮助婴幼儿爬上去。婴幼儿渐渐学会自己爬上凳子，再到桌子上够取玩具。独自够取高处之物，会有一定危险，成人应将热水瓶及可能伤害婴幼儿的物品移开，桌子上不要铺桌布，不放易烫易伤物品，以免发生意外事故。
	穿越障碍	在地上平放6块瑜伽砖，每两块间距5～10厘米，让婴幼儿练习在砖上走，每步踏在一块砖上，成人要在旁保护，以防婴幼儿磕碰。这对婴幼儿大脑平衡知觉、空间知觉的发展大有好处。
	踩脚印	成人在地上放上6～8个纸张剪成的脚印，左右两排，相距10～15cm，让婴幼儿踩着脚印走路。或者带领婴幼儿去沙地，成人在前面走，婴幼儿在后面跟着，让婴幼儿踩着成人的脚印向前走，成人可以有意变换方向，以此锻炼婴幼儿的自由转向和平衡能力。
	走迷宫	成人用积木摆出有一定高度的曲折的迷宫，并在终点处放上婴幼儿喜欢的玩具作为奖励，成人可先给他示范游戏规则，再引导婴幼儿自己变换方向走到终点，并且尽量不碰倒积木摆成的迷宫，以此训练婴幼儿的平衡能力。

续表

月龄	游戏名称	游戏操作要点
16～18	瓶中装水	婴幼儿天生喜欢玩水，可让婴幼儿边玩水边学倒水，拿着瓶子将水倒进碗中，再让他用碗将水倒进瓶子里。成人也可以用一个沙盘装满沙子，放2只小碗，让婴幼儿把沙子从一只碗中倒到另一只碗中，然后再让婴幼儿将沙子倒进瓶。
	橡皮泥变变变	给婴幼儿准备五颜六色的彩色橡皮泥，让婴幼儿随意塑造不同的形状，以此锻炼婴幼儿捏、揉、搓、压等精细动作的发展。当婴幼儿塑造出一个作品时，不管婴幼儿塑造得像不像，都要给婴幼儿鼓励，以此提升婴幼儿的动手能力。
	我是妈妈小帮手	给婴幼儿准备一些需要择菜的蔬菜，让婴幼儿学习择菜，提升婴幼儿的成就感；或者给婴幼儿一串葡萄，让婴幼儿把葡萄一颗一颗摘下来放到盆里洗一洗，以此锻炼婴幼儿双手的灵活性。
	小手捡豆豆	给婴幼儿提供大小不同的豆子和瓶子，引导婴幼儿按照豆子的大小分类捡起来，并放到不同的瓶子里。以此锻炼婴幼儿三指捏和手眼协调的能力。
19～21	捉迷藏	与婴幼儿玩捉迷藏、找妈妈的游戏，在追逐玩耍中有意识地让婴幼儿练习跑和停，渐渐地婴幼儿学会在停之前放慢速度，使自己站稳，逐渐使婴幼儿能放心地向前跑，不至于因速度快、头重脚轻而摔倒。
	小白兔蹦蹦跳	让婴幼儿观看小白兔跳跃的视频或动画，让婴幼儿尝试模仿小白兔的动作，可用语言指导婴幼儿的跳跃速度和方向，以此训练婴幼儿双脚一起跳跃的能力。
	跳房子	在单足站稳的基础上，训练单足跳，也可以教婴幼儿从一个地板跳到相邻的地板，熟练后玩跳格子游戏，以此锻炼婴幼儿眼和脚的协调能力。
	踩影子（视频3-8）	在有太阳时，成人与婴幼儿到院子里玩踩影子的游戏，通过游戏让婴幼儿练习在一定范围内四处散跑，成人可以慢慢地跑，让婴幼儿能够追得上，也可以追赶婴幼儿的影子，让婴幼儿边跑边躲闪。初步培养婴幼儿在奔跑过程中的躲闪能力。
	123木头人	在婴幼儿熟练跑步的基础上，继续练习能跑能停的平衡能力，如对婴幼儿喊“开始跑，123，木头人，停”，并反复练习。注意，成人要站在婴幼儿的前方，使婴幼儿易于扶停而不易摔倒。
	老鹰抓小鸡	成人可以扶住婴幼儿的手给予帮助，使婴幼儿能够扶住物体停下来，逐步减少帮助，直至婴幼儿能够自己减慢速度，不扶物慢慢地停下来。以此训练婴幼儿的走跑交替动作的发展。
	我给洋娃娃穿衣服（视频3-9）	给婴幼儿提供一个洋娃娃和图片，让婴幼儿依据图片内容对洋娃娃进行打扮，给洋娃娃穿上衣服、戴上帽子、围巾和袜子，并能够把洋娃娃的衣服扣子扣起来，以此锻炼婴幼儿双手协调和基本的生活自理能力。
	我会开门啦	成人先示范，然后把钥匙交给婴幼儿让他来开门，要告诉婴幼儿把钥匙塞进锁眼里，塞到尽头，然后轻轻一转，多练习几次，以此提高婴幼儿的手眼协调能力。

视频 3-8

视频 3-9

续表

月龄	游戏名称	游戏操作要点
19～21	按顺序翻书	成人拿一本专供婴幼儿阅读的大开本彩色图书与婴幼儿同向坐好，将书摊开放桌面上，先帮婴幼儿翻开封面，再引导婴幼儿用拇指和食指捏着书页，将书页轻轻地提起来翻过去，一定要教婴幼儿按顺序翻。
22～24	小小运货员	给婴幼儿提供一个小推车，并在车里放一些轻便的玩具，为婴幼儿创设故事情境："这些玩具要运到的森林里去，你能帮忙送过去吗？"并为婴幼儿明确规则，以此锻炼婴幼儿大肌肉动作的发展，增强眼手协调能力。
	过独木桥（视频3-10）	成人准备一个30cm宽的木板，在木板两端各垫上一块砖头，使木板离地10cm高，让婴幼儿在上面行走。开始时成人可扶着婴幼儿的一只手进行保护，然后逐步让婴幼儿单独在上面走。鼓励婴幼儿展开双臂保持身体平衡，反复练习至行走自如。
	做"模拟操"	在学唱儿歌的基础上，让婴幼儿自由配合上手臂及双腿动作。如儿歌"早晨空气真正好，婴幼儿练习跳一跳"，念第一句时两臂上举左右摆动两次，唱第二句时两手叉腰双脚原地跳两次，训练边唱边动，以此锻炼婴幼儿的身体协调能力。
	我爱跷跷板	带领婴幼儿到户外的游乐场地玩耍，扶婴幼儿从跷跷板的这一边走到那一边，或坐在跷板的一头，成人压另一头，训练平衡能力及控制能力。
	拧瓶盖	给婴幼儿提供形状、大小不一的瓶子，并将盖子取下，指导婴幼儿"先按一下，再转一下"给瓶子盖上盖子。盖上瓶盖后，再进一步教婴幼儿如何将瓶盖取下，以此锻炼婴幼儿手眼协调能力，发展婴幼儿的小肌肉。
	我来拼一拼	这个年龄段的婴幼儿很喜欢拼搭的游戏，成人可以给婴幼儿准备一副拼图，让婴幼儿把相应的图形放在拼图中相应的位置，使其成为完整的一幅画，或者成人先拼，只留小动物的眼睛部位，引导婴幼儿用拇指、食指捏取图块对准空白部位拼图。
	穿扣串珠	成人给婴幼儿提供小纽扣、小珠子、有孔的小积木等材料，成人双手将线横拉成一条直线，放下细线，示范串珠动作。观察婴幼儿是否会观察小孔，能否将绳子穿过扣眼、珠孔、积木的小孔，穿过扣眼（小洞）后能否将顺利拉出线头，是否需要成人协助。
	逐页翻书（视频3-11）	成人与婴幼儿一起看图书，边看边讲图书的故事内容，可扶着婴幼儿的手翻书。让婴幼儿拿着图书，分清书的正和倒，把书拿正。然后对着书一页一页地讲故事，讲完一页后，让婴幼儿自己动手去翻下一页。

视频 3-10

视频 3-11

任务评价

任务名称	评价内容	评价等级				
		优秀	良好	中等	合格	不合格
1～2岁婴幼儿动作发展活动展示	会搜集和总结适合1～2岁年龄段婴幼儿粗大动作及精细动作能力发展的游戏					
	能根据操作提示，准确掌握1～2岁婴幼儿粗大动作与精细动作发展活动的操作流程					
	能针对1～2岁婴幼儿动作发展的实际要点，以游戏化方式科学合理地设计相关月龄段婴幼儿动作发展的活动方案					
	具备合作意识与团队协作的能力					

备注：请同学们根据自己对任务内容的掌握情况，在对应的等级打“√”

推荐阅读

[美]伯顿·L.怀特.从出生到3岁：婴幼儿能力发展与早期教育[M].宋苗译.北京:北京联合出版公司，2016..

项目小结

本项目以1～2岁婴幼儿的动作发展指导为主要学习内容。通过项目学习，理解和掌握1～2岁婴幼儿粗大动作、精细动作发展的特点，理解动作发展的教育要点，掌握1～2岁婴幼儿粗大动作、精细动作发展训练的要点，发展婴幼儿运动潜能，促进1～2岁婴幼儿机体生长发育、提高其平衡、灵活、协调及控制能力。熟记1～2岁婴幼儿良好的运动习惯，在动作游戏活动发展中能促使婴幼儿感受运动的乐趣。能根据实际对1～2岁婴幼儿的动作发展进行科学、有针对性的指导和训练。

思考练习

参考答案

1.适合22-24个月龄婴幼儿的精细动作游戏包括：(　　)。

A.爬滑梯　　B.拼图游戏　　C.高出取物　　D.穿扣串珠

2.请简述：1-2岁婴幼儿动作发展活动的设计原则。

3.讨论：适合1-2岁婴幼儿动作训练的内容和方法有哪些？

实践实训

针对20个月大的婴幼儿的特点，设计一个完整的粗大动作能力发展训练的活动方案，应包括活动名称、活动人数、活动目标、活动准备、活动过程、活动注意事项、活动延伸。

项目四

2~3岁婴幼儿动作发展训练

项目目标

1. 了解2~3岁婴幼儿粗大动作、精细动作发展的特点，理解动作发展的教育要点。

2. 掌握2~3岁婴幼儿粗大动作、精细动作发展训练的方法及要点，开发婴幼儿运动潜能，促进机体生长发育，提高其平衡、灵活、协调及控制能力。

3. 能依据2~3岁婴幼儿动作发展特点及水平设计训练活动方案，在动作游戏活动发展中能促使婴幼儿感受运动的乐趣。

4. 培养学生关爱婴幼儿、尊重婴幼儿、理解婴幼儿的观念，提高团结合作意识以及创新精神。

学习重难点

学习重点：

1. 掌握2~3岁婴幼儿动作发展的顺序及特点，理解动作发展的教育要点。

2. 能熟悉掌握2~3岁婴幼儿动作发展训练的方式方法，并能科学熟练地应用到教育实践。

学习难点：

能理解2~3岁婴幼儿粗大动作、精细动作发展对全身动作发展的意义，同时能根据实际对2~3岁婴幼儿的动作发展进行科学、有针对性的指导和训练。

思维导图

- 2～3岁婴幼儿动作发展训练
  - 任务一 分析2～3岁婴幼儿动作发展教育要点
    - 2～3岁婴幼儿动作发展
    - 2～3岁婴幼儿动作发展教育要点
  - 任务二 2～3岁婴幼儿动作发展活动设计
    - 2～3岁婴幼儿动作发展活动的设计原则
    - 2～3岁婴幼儿动作发展活动的设计流程
    - 2～3岁婴幼儿动作发展活动的注意事项
  - 任务三 2～3岁婴幼儿动作发展活动展示
    - 2～3岁婴幼儿粗大动作发展活动操作
    - 2～3岁婴幼儿精细动作发展活动操作
    - 适合2～3岁婴幼儿动作发展的游戏归纳

任务一

分析2～3岁婴幼儿动作发展教育要点

任务描述

2～3岁婴幼儿动作发育更加成熟，基本掌握了跳、跑、攀登等复杂的动作，手的精细动作也更加灵活，但仍发育不完善，需通过动作发展活动引导婴幼儿各种动作的均衡发展。

任务准备

该任务相关的2～3岁婴幼儿动作发展的学习资料。。

操作流程

工作表单1

小组讨论

2～3岁婴幼儿有不同类型的动作发展，如在走、跑、跳等粗大动作和一些精细动作的发展中呈现新的行为特点。小组讨论，2～3岁婴幼儿不同动作类型有什么发展特点，并填在下表中。

序号	粗大动作	月龄	精细动作	月龄
1				
2				
3				
4				
5				
6				
7				
8				
9				
10				
11				
12				

工作表单2

小组概括

请将2~3岁婴幼儿动作发展内容记录在下表中。

月龄(月)	粗大动作	精细动作
24-30个月		
31-36个月		

任务分析

此次任务包括两个流程，需要学生提前进行相关资料的查阅并进行总结，最后需要教师结合教学目标与内容，在学生现有基础之上将2~3岁婴幼儿动作类型特点和动作发展内容的知识点进行梳理与补充，并讲解。

学习支持

一、2~3岁婴幼儿动作发展

(一)2~3岁婴幼儿粗大动作发展

2~3岁婴幼儿粗大动作发展接近成熟，以发展基本运动技能为主过渡到各种动作均衡发展，基本上掌握了走、跑、跳、钻、爬、投掷等基本动作，平衡能力与协调能力进一步完善。

1.2~3岁婴幼儿粗大动作发展生理特点

婴幼儿因肌肉纤维较细，肌肉较柔嫩，肌腱宽而短，因此肌肉收缩力较差，力量较小，容易引起疲劳，但由于婴幼儿新陈代谢旺盛，疲劳后肌肉机能恢复较快。因此，婴幼儿做运动时需要注意适当的运动时间和运动强度。婴幼儿足弓周围韧带松弛，肌肉纤维细，肌肉力量和强度较差，若长时间站立、负重过度、走路和站立时间过长，可能会造成扁平足。婴幼儿不正确的坐姿易造成脊柱变形，甚至出现脊柱侧弯。此外，婴幼儿关节窝较浅，关节附近韧带松弛，肌肉纤维较细，灵活性和柔韧性较好，但关节牢固性较差，若发生摔倒、用力牵拉等情况，易造成关节脱臼。

2~3岁是粗大动作发展的敏感期，2岁婴幼儿可以单脚站立，能向前连续跑5~6米，经示范可以以正常步幅倒退走1~2米，可以向前跳10厘米，并能保持平衡，可原地向上跳5厘米，如图4-1所示。可以不扶物体单脚站立1秒甚至更长的时间，其中，24~25个月是单脚站立能力发展的敏感期。可以不用扶栏杆独自上楼梯，如图4-2所示。30个月左右的婴幼儿能向前跳60厘米，双脚同时起跳和落地，能单脚跳21厘米的宽度，30个月的婴幼儿可以上体正直，两臂平举地在平衡木上行走，如图4-3所示。32~33个月是单脚跳跃能力发展的敏感时期。36个月的婴幼儿可以双脚连续向前跳3～4米远，可以原地双脚跳10～20次，能从20厘米的高处跳下，可以跳跃障碍，双手叉腰踮脚走，可以投沙包2.5～3米远，能协调手脚动作翻越133厘米的攀登架。这个时期是控制物体平衡能力发展的敏感期，可以骑儿童三轮车，能在平地上走直线3米左右，并且可以转弯。

图4-1 双脚原地跳

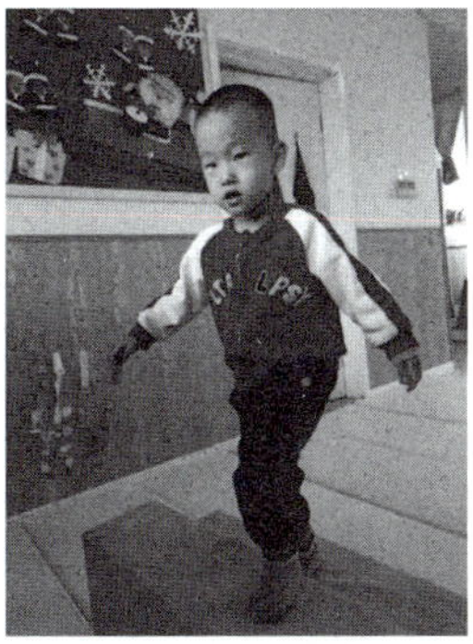

图4-2 上楼梯

图4-3 走平衡木

（二）2～3岁婴幼儿精细动作发展

2～3岁是掌握手部动作技能的敏感期，在这一时期精细动作发展水平进一步提高，手指的灵活性进一步提高，加强手指活动指导可以锻炼大脑的广泛区域，锻炼婴幼儿双手协调、手眼协调的灵活性。手是婴幼儿认识世界的工具，可以通过手部技能锻炼探索世界，丰富对外界事物的认识，提高婴幼儿思维能力水平，促进婴幼儿大脑发育。同时，促进精细动作发展还可以锻炼婴幼儿生活自理的能力。

1.2～3岁婴幼儿精细动作发展生理特点

2岁是婴幼儿小肌肉协调性发展的敏感期，婴幼儿双手的灵活性、协调能力明显提高，手眼协调能力得到较大发展，手指和手腕能够灵活协调地配合活动，可以准确地抓握物体，但在独立地使用手和手指方面依然有些困难。婴幼儿喜欢把物体配在一起或者将他们拉开，此时大多数婴幼儿还没有确定使用左手或右手的习惯，这一时期婴幼儿手腕力量较为薄弱，因此给婴幼儿挑选玩具时不能选择过重的玩具，以免损伤腕骨，影响腕部肌肉发育生长。此期，婴幼儿生活自理行为开始出现，骨骼关节以及小肌肉群逐渐发育，婴幼儿可以在粗大动作发展基础上进行小肌肉的锻炼，与婴幼儿一起做发展其精细动作能力的游戏，可以提高婴幼儿手部灵活性及手眼协调能力。

2.2～3岁婴幼儿精细动作发展水平

2～3岁婴幼儿精细动作发展水平有了很大的提升，2岁以后的婴幼儿能模仿画出水平线、垂直线及交叉线等，可以画出2～3厘米以上的竖线，可以初步使用剪刀,会折简单的物体。生活自理方面,可以自行洗手、喝水,会使用勺子,能够转动手腕拧瓶盖。2岁半以后的婴幼儿精细动作发展更为复杂,训练动作更高级,可以搭建具有一定空间感的积木,如图4-4所示。可以用细线连续串珠子,能较熟练地穿起3个以上的珠子,如图4-5所示。还可以有目的地使用剪刀进行剪纸活动,握笔姿势达到正常水平,部分婴幼儿可以画出一些指定的图形,如十字形、正方形、多边形[①],能模仿画出圆形,能模仿将纸张进行对折,纸的边缘相对整齐,可以用折纸折出各种形状,如正方形、三角形,可以简单填色。生活自理方面,可以在他人的帮助下穿脱衣服和鞋子,会系大的纽扣,如图4-7所示。

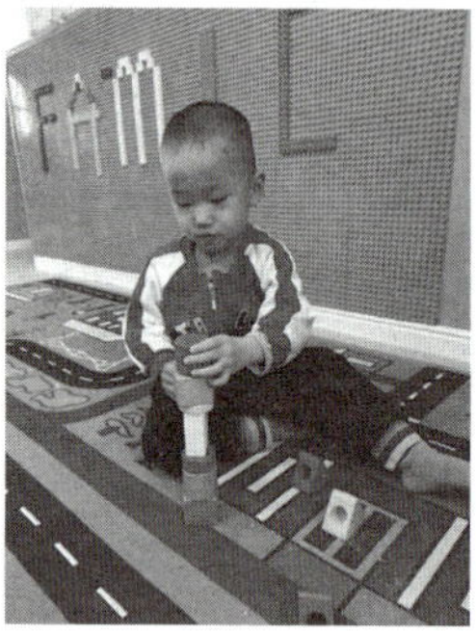

图4-4　搭积木

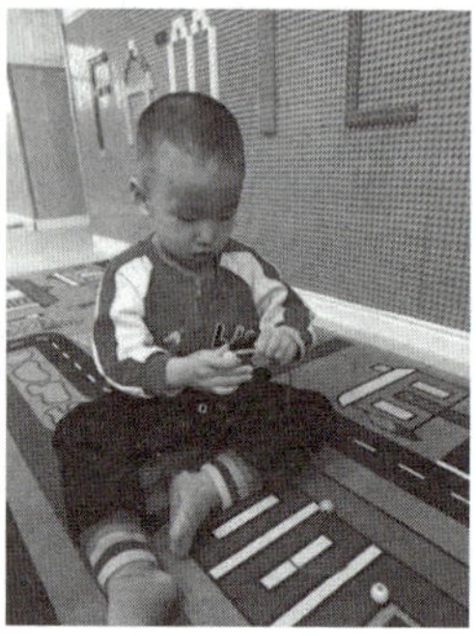

图4-5　用细线串珠子

图4-6　系纽扣

二、2～3岁婴幼儿动作发展教育要点

2～3岁婴幼儿动作发展较为迅速,运动技能不断发展,已经掌握了跑、跳、攀登、投掷等基本的动作技能,手部的动作更为精细,手指更为灵活,但是婴幼儿的手脑协调能力以及身体的平衡能力有待进一步加强。因此,在这一阶段需要进一步加强婴幼儿基本动作技能,提高身体平衡能力和协调能力,增强身体机能的同时,还需培养婴幼儿手部精细动作能力,通过开展手部的亲子游戏活动,提高婴幼儿手脑协调能力,培养婴幼儿手指的操控能力。

(一)开辟游戏天地,坚持户外活动

2～3岁婴幼儿的生长发育速度相比婴幼儿期有所减慢,但肌肉发育较为明显,运动能力得到进一步发展,已基本掌握了走、跑、跳、投掷等粗大动作,这一时期需要增加户外粗大动作发展的训练时间。成人可以与他们玩"捉迷藏""捉影子""你追我赶"等户外游戏,通过与婴幼儿相互追逐,相互闪躲,练习婴幼儿走、跑和停的动作,成人还可以带领婴幼儿外出踢球、学小兔子蹦蹦跳等,锻炼婴幼儿粗大动作能力的发展,从而体验运动的乐趣。2～3岁是培养婴幼儿平衡力的关键时期,成人可以与婴幼儿一起玩跳方格游戏,锻炼婴幼儿单脚跳、双脚跳从而提高婴幼儿的平衡能力。通过与成人进行户外运动游戏,增强婴幼儿抵抗力,提高婴幼儿社会交往能力,培养婴幼儿的意志力,提升婴幼儿的自信心。

① 周念丽,0-3岁婴幼儿观察与评估[M].上海:华东师范大学出版社,2021.

(二)贴近实际生活,提高婴幼儿自理能力

2～3岁婴幼儿手部动作更加精细、灵巧,可以让婴幼儿尝试自己穿衣服、脱衣服、刷牙洗脸,尝试用小汤匙吃饭,促进婴幼儿手部小肌肉群的发展以及手指的灵活与协调能力。可在成人的帮助下进行如厕训练,提高婴幼儿的自理能力。成人还可以让婴幼儿参与做一些简单的家务劳动,如准备一小块面团,让婴幼儿自己揉面团、让婴幼儿自己摆放碗和筷子、让婴幼儿自主擦桌子,进而提高手眼协调能力及双手的协作能力。

(三)提供丰富玩具,感受游戏乐趣

成人可以为婴幼儿准备几个瓶子和一个婴幼儿可以握住的球,一起玩投掷保龄球的游戏;可以为婴幼儿准备各种各样颜色的积木,先给婴幼儿做搭积木的示范,让婴幼儿模仿搭积木,培养婴幼儿手眼协调能力以及专注力,或者让婴幼儿随意搭建各种形状的积木,充分发挥婴幼儿的想象力,激发创造力;也可以准备一些较大的珠子和几根细线或者丝绳,成人示范用线串珠子,引导婴幼儿观察串珠过程,并让婴幼儿模仿用线串珠子,锻炼婴幼儿手部的灵活性,练习婴幼儿的专注力。在此过程中,注意婴幼儿误吞珠子的情况,以防出现窒息。

(四)创设安全环境,注意运动安全

2～3岁这一阶段的婴幼儿热爱探索,是积极迫切的学习者。在户外活动时要注意保障婴幼儿运动环境的安全、整洁、卫生,同时让婴幼儿穿着柔软舒适的衣服和鞋子,方便婴幼儿自由活动,防止危险和意外的发生。另外,也需要对婴幼儿做好运动安全教育,提高婴幼儿的安全意识,警惕硬币、磁力珠、玻璃球等小物品,防止婴幼儿将这些小物品塞入口鼻,造成误吸甚至危及生命。婴幼儿在进行粗大动作训练时要注意运动强度以及运动时间,注意劳逸结合、动静交替,防止过度疲劳,超过身体负荷,影响婴幼儿心肺功能。在进行精细动作训练时,不能操之过急,手腕不宜提过重的物品,以免损伤腕骨和肌肉,在运动之前需要进行适当的热身运动,活动各关节,避免运动伤害,保证运动安全性。

(五)循序渐进,尊重婴幼儿个体差异性

虽然2～3岁婴幼儿动作发展有了较大水平的提高,但是婴幼儿动作发展水平存在个体差异性。因此需要根据婴幼儿实际的动作发展水平为婴幼儿设计游戏活动指导方案,遵循科学的规划和规律的指导。在训练互动过程中,从简单的动作开始,依据婴幼儿动作发展步调,逐渐过渡到复杂的动作,尤其是在进行粗大动作训练时,注意随时观察婴幼儿的动作及表情,随时与婴幼儿进行语言和肢体沟通,保证婴幼儿的安全,促进婴幼儿身心全面协调发展①。

---

① 陈春梅,陈春梅.0-3岁儿童动作发展与训练[M].上海:复旦大学出版社,2014.

任务评价

任务名称	评价内容	评价等级				
		优秀	良好	中等	合格	不合格
2～3岁婴幼儿动作发展教育要点	掌握2～3岁婴幼儿粗大动作发展生理特点及发展水平					
	掌握2～3岁婴幼儿精细动作发展生理特点及发展水平					
	理解并掌握2～3岁婴幼儿动作发展指导要点					

推荐阅读

[1]代娅丽,胡红梅.婴幼儿动作发展与训练[M].重庆:西南师范大学出版社,2021.

任务二
2～3岁婴幼儿动作发展活动设计

任务描述

2～3岁婴幼儿动作发展会表现出这个年龄段的发展特点：粗大动作、精细动作都在迅速发展，但手部精细动作、身体平衡能力、协调能力有待进一步加强，且粗大动作发展不完善。这些发展表现对2～3岁婴幼儿动作发展活动的设计与指导提出了更多的要求。教师与成人要善于观察与评价，基于2～3岁婴幼儿发展的水平与特点，为其提供适宜的活动指导。

任务准备

该任务相关的2-3岁婴幼儿动作发展活动案例资料。

操作流程

工作表单1

活动设计

根据案例示范，小组合作，完成2～3岁婴幼儿动作发展活动设计。

小乌龟找妈妈（练习钻爬、平衡动作）

适用年龄：30～36个月

活动场地：早教中心/家庭

活动目标：

1. 掌握婴幼儿在此年龄段爬行的动作与方法。
2. 学会观察婴幼儿的情况，了解婴幼儿的发展水平。
3. 家长知道在家庭中开展此项活动的方法。

活动准备：儿歌、爬行地垫、平衡木、轮胎、拱形门。

活动过程：

1.热身活动：动物模仿操、学小动物走路。

播放音乐，教师与婴幼儿一起边说儿歌边模仿歌曲中唱到的小动物走路。“小兔走路蹦呀蹦蹦跳，小鸭走路摇呀摇呀摇，小乌龟走路慢吞吞，小花猫走路静悄悄。”通过游戏的形式，带婴幼儿热身准备，充分活动身体。

2.活动展开。

(1)教师讲解并示范爬的方法与动作，比如：双手双脚撑地，膝盖离地爬；双手撑地，膝盖着地爬行等。

(2)教师向婴幼儿示范讲解走平衡木的动作要领，提醒婴幼儿注意安全。

(3)婴幼儿在教师引导下尝试练习，家长从旁协助。

3.组织游戏“小乌龟找妈妈”。

游戏开始前，设置好情境与障碍物，准备好道具，请爸爸妈妈坐到终点处扮演乌龟妈妈。

(1)设置情境，分配角色，引起婴幼儿兴趣。

教师：“小朋友们，小乌龟迷路了，他想请我们大家一起来带他回家，你们愿不愿意呀？那现在请小朋友们带上乌龟壳，扮成小乌龟，一起去帮小乌龟找妈妈吧。”婴幼儿扮演小乌龟，爸爸妈妈扮演乌龟妈妈，教师引导。

(2)讲解游戏规则，引导婴幼儿理解游戏玩法。

婴幼儿应越过多个关卡障碍，如：爬过地垫、走过平衡木、钻爬过轮胎、穿过拱形门，最后爬到终点，与爸爸妈妈击掌拥抱，即游戏闯关完成(小乌龟找到妈妈)。

教师：“小乌龟要走过小路(爬行地垫)，通过小桥(平衡木)，钻过山洞(轮胎、拱形门)，才能找妈妈。每个回到家的小乌龟会得到乌龟妈妈的拥抱，让我们一起比比，哪个小乌龟能更快爬回家？”

(3)游戏指导。

教师和婴幼儿一起说儿歌《小乌龟找妈妈》：“小乌龟本领大，不怕困难真胆大。钻过山洞走过桥，爬回家呀找妈妈。”请婴幼儿分组有序地进行游戏，教师给予指导。

注意：教师重点指导婴幼儿的钻爬动作。注意提醒婴幼儿不要拥挤，不要相互碰撞，注意安全。

4.总结：依据婴幼儿在活动中的表现进行评价。

“小乌龟们的本领真大，都完美地走过小桥、钻过山洞，爬回了家，得到乌龟妈妈的拥抱，老师给你们一个大大的奖励！金咕噜棒、银咕噜棒，小朋友们真正棒。”

5.结束活动:放松活动。

播放舒缓的轻音乐,请婴幼儿和教师一起,做摇摇头、晃晃肩、抖抖手、跺跺脚等放松动作。

结束后家长带领婴幼儿一起收拾游戏材料,引导婴幼儿将物品归位。

活动注意事项:集体指导与个别指导相结合,教师要加强巡视指导,注意提升每个婴幼儿的发展;注意引导婴幼儿提高安全意识,在活动中教师也应注意对婴幼儿人身安全的保护;加强家长指导内容,拓展家长的科学育儿知识。

活动延伸:家长回家后可利用家中的榻榻米、桌椅等器材,进行亲子互动游戏,继续锻炼婴幼儿钻爬、平衡等动作。

工作表单2

小组讨论

通过对2～3岁婴幼儿动作发展教育要点的复习,小组讨论并总结2～3岁婴幼儿动作发展活动的设计流程。

任务分析

此次任务包括三项任务流程,学生需要提前查阅相关资料,并结合所示案例进行相关月龄段的运动活动设计,最后需要教师结合教学目标与内容,在学生现有基础之上将知识点进行梳理与补充,并进行讲解。

学习支持

2～3岁婴幼儿动作发展的活动设计

一、2～3岁婴幼儿动作发展活动的设计原则

1.教育性原则

活动组织者选择的内容要符合2～3岁婴幼儿的培养目标和准则要求。

2.科学性原则

活动组织者进行活动、教案设计时要符合2～3岁婴幼儿的身心发展特点,进行科学、有针对性地设计与制订。

3. 趣味性原则

活动组织者要充分调动2～3岁婴幼儿的兴趣，使每一项环节的设计具有趣味性和吸引力。

4. 发展性原则

活动组织者在充分考虑2～3岁婴幼儿现阶段发展水平的基础上，结合婴幼儿的最近发展区，促进婴幼儿动作的高水平发展，进而达到2～3岁婴幼儿运动能力全面发展的教育效果。

5. 直观性原则

直观手段的运用，需要与2～3岁婴幼儿粗大动作与精细动作发展特点与规律相结合，与活动组织者的语言指导相结合，与婴幼儿的实际发展水平与实践操作相结合。

6. 动静交替性原则

活动组织者在进行活动各环节设计时，应充分考虑2～3岁婴幼儿神经系统易兴奋、易疲劳的特点，合理地安排活动量，采用动静结合的多种方式开展活动，以此达到教育效果。

7. 主体性原则

教学活动是教育者（包括教师和成人）与2～3岁婴幼儿的共同活动，活动组织者作为主导者，要充分尊重婴幼儿的主体地位，认识到婴幼儿是学习、发展的主体，要启于未发、适时而教，引导婴幼儿通过自身的探索活动来学习。

二、2～3岁婴幼儿动作发展活动的设计流程

（一）确定活动目标

活动目标应针对某月龄段婴幼儿的身心特点、动作发展规律进行设计，适宜2～3岁婴幼儿的年龄特征。在设计时，应注意目标表述主体的一致性，语言表述要具体明确，具有科学性、可操作性。

（二）做好活动准备

1. 机构教师

机构教师作为集体活动的主要设计者与组织者，应身心健康，无传染性疾病，熟悉该阶段婴幼儿动作发展的具体特点及规律，掌握组织与指导活动的方法和技能，具备完成教育活动的能力，做好知识储备与能力准备，并提前准备活动所需的环境及道具。

2. 家长

家长应了解婴幼儿在该阶段可以完成的运动技能及可能达到的运动水平，了解目前婴幼儿的运动发展情况。在活动前帮助婴幼儿做好身心准备，如喝

水、如厕等，为婴幼儿准备好活动中可能需要的生活物品，如水瓶、手绢等。

3. 婴幼儿

活动前，婴幼儿需要已解决基本的生理需求，保持情绪愉悦、身体健康，无不舒适感。在进行新的运动技能训练活动前，需要比较熟练地掌握前置技能。

（三）选择活动内容

活动内容的选择可结合任务一中2～3岁婴幼儿粗大动作及精细动作的发育特点和要点，进行制订。活动内容的选择要围绕活动目标进行，难易度适中，尽可能与日常生活相联系，以帮助婴幼儿在发展动作技能的同时提高生活自理能力。

（四）设计活动方案

2～3岁婴幼儿动作发展活动方案的设计一般包括活动名称、适合月龄、活动人数、活动目标、活动准备、活动过程、活动延伸、活动注意事项和反思与评价。

表4-1　2～3岁婴幼儿动作发展活动方案

方案环节	设计要点	示例
活动名称	具体开展活动的名字，能够生动形象地体现出活动的目标或者内容，一般要富有童趣化，符合婴幼儿的年龄发展特点。	小猫过桥
适合月龄	指明该活动适宜的月龄段。	24～30个月或2岁～2岁半。
活动人数	该活动进行的适宜人数。	4～6人
活动目标	活动目标应针对某月龄段婴幼儿的身心特点、动作发展规律进行设计，适宜2～3岁婴幼儿的年龄特征。在设计时，应注意目标表述主体的一致性，语言表述要具体明确，具有科学性、可操作性。	1. 训练婴幼儿手部精细动作以及身体的平衡能力 2. 使婴幼儿体会到活动的愉悦感
活动准备	主要包括物质环境准备与经验准备。物质准备主要包括活动开展所需的场地、设备、材料、教具、器械等，经验准备主要指活动开展前，婴幼儿已形成的与活动有关的经验或心理准备。	1. 物质准备：多媒体、儿歌音频《小动物过桥》、小猫头饰、平衡木、桥 2. 经验准备：婴幼儿初步具备控制身体平衡的能力，具有跳跃的经验
活动过程	活动过程一般包括活动导入、活动进行及活动结束三大部分。 活动导入：引起兴趣，使婴幼儿快速进入活动状态。 活动进行：1. 发展2-3岁婴幼儿某种动作能力，如：走、跑、跳等大肌肉动作。2. 通过家长指导，引导家长使用科学的教育方法，提高家长在家庭中帮助婴幼儿动作发展的意识。 活动结束：使婴幼儿和家长在安定、愉悦的状态下结束游戏，并感到意犹未尽。	1. 教师示范 2. 婴幼儿练习与游戏 3. 教师指导 4. 成人辅助与支持 5. 亲子共同参与

续表

方案环节	设计要点	示例
活动延伸	教师根据活动中婴幼儿与成人的表现，提出指导建议，为成人提供可在课后或家庭中进行的活动形式，可以使用的活动材料及相应的指导要点。	1.亲子互动小游戏 2.家庭延伸卡
活动注意事项	提示教师与家长在活动中婴幼儿可能出现的问题及状况，提醒家长在操作与指导中需要注意的要点和容易出现的错误。	1.活动时间不宜过长 2.注意纠正婴幼儿不良姿势 3.注意活动安全
反思与评价	反思与评价是指在本次活动结束后，教师对本次活动是否达成活动目标，婴幼儿在活动中是否情绪愉悦、积极主动等情况进行反思，发现问题并寻找对策。	此处教师需依据婴幼儿在实际教学中的表现进行简单总结，对婴幼儿进行鼓励，并指出其发展的不足之处，为家长提供延伸活动建议，促进婴幼儿发展

三、2～3岁婴幼儿动作发展活动的注意事项

（一）机构中2～3岁婴幼儿动作发展活动设计与指导的注意事项

针对2～3岁婴幼儿动作发展特点，机构在设计教育活动方案的注意事项有如下几点：

1.在粗大动作的发展方面，2～3岁婴幼儿动作发展接近成熟，以发展基本运动技能为主，过渡到各种动作均衡发展，主要包括：走、跑、跳、钻爬、投掷等基本动作，进一步完善平衡能力与协调能力。

2.在精细动作方面，2岁以后，婴幼儿的双手的灵活性、协调能力明显提高，手眼协调能力得到较大发展，小肌肉群逐渐发达，手部精细动作是发展的重点。

总的来说，在这一阶段需要进一步加强婴幼儿基本动作技能，培养婴幼儿手部精细动作能力，提高身体平衡能力和协调能力，增强身体机能。

案例：捏豆子（视频4-1）

视频4-1

适合月龄：24～36个月

活动场地：早教中心

活动人数：5～8人（视实际情况酌情增减）

活动目标：

1.发展2～3岁婴幼儿手部小肌肉群力量

2.锻炼婴幼儿的手腕控制力

3.培养婴幼儿专注力和手眼协调性

活动准备：

1.豆子若干（或使用纸揉搓的小纸团代替）

2. 小碗、小勺

活动过程：

1. 活动导入

教师带婴幼儿玩“十根手指”的游戏，引起婴幼儿兴趣，活动手指。“一一，点点；二二，剪剪；三三，弯弯；四四，叉叉；五五，一朵花。”

2. 活动展开

(1)教师提问婴幼儿是否认识豆子并进行教具展示，展示红豆让婴幼儿说一说认一认。

(2)教师讲解两指捏豆子动作的要点并做示范：将红豆倒在其中一个碗内，演示如何用手将其捏到另外一个碗中。

(3)分发教具，让婴幼儿进行两个手指捏红豆的练习。婴幼儿操作的过程中教师要注意引导婴幼儿掌握动作要领，并及时鼓励婴幼儿，如：“好棒呀，你把小豆子全部都送回家了。”

(4)难度提升，两手交替捏豆子并放到小碗中，教师说明动作要点并展示，注意引导操作有困难的婴幼儿掌握动作要领。

(5)再次提升游戏难度，教师说明动作要点并展示。要求婴幼儿将一个小碗中的红豆用勺子全部舀到另一个小碗中。

(6)让婴幼儿依次尝试，同时训练婴幼儿的秩序性。

3. 活动结束

整理玩教具，送小豆子、小碗“回家”，将小勺子与小碗送还给老师。

活动注意事项：

1. 时刻注意提醒婴幼儿安全问题，不要将豆子或小纸团放进嘴巴里面。

2. 上课过程中多关注月龄较小的婴幼儿，小心其把豆子撒出去。

3. 剩余的豆子使用完后不要乱扔，保存以备用。

活动延伸：

让婴幼儿坐在地垫或柔软的地毯上，给婴幼儿一个空的塑料小碗和各种豆子（黑豆、黄豆、绿豆等），锻炼婴幼儿的手指精细动作和较长时间的单一活动不仅能够促进手部小肌肉的发育，还能培养婴幼儿有始有终的良好习惯，更能促进爸爸妈妈和孩子之间的亲子感情。

（二）家庭中2~3岁婴幼儿动作发展活动设计与指导的注意事项

除身体动作发展外，2~3岁婴幼儿的自我意识发展、思维能力、语言表达能力等都表现出与0~2岁不同的特征及更多的自主性，因而教师在组织活动时更需要注意加强与成人间的沟通，并满足成人指导的更高要求。主要指导内容包括以下几个方面：

1.动作发展教育的态度与观念。

引导家长形成科学合理的动作发展的教育观念，用积极、悦纳、耐心、关怀的态度对待婴幼儿。比如，正确认识婴幼儿动作发展的个体差异性，不做横向比较，不因婴幼儿发展的不均衡而过多担心或批评训斥、辱骂打骂，以积极的态度、良好的耐心接纳并尊重婴幼儿在活动中的表现与发展。

2.动作发展教育的知识与技能。

部分家长缺乏灵活指导婴幼儿活动的能力，因而教师应引导家长了解2~3岁婴幼儿身体动作发展的水平与特点，使家长了解指导婴幼儿动作发展教育的要点，理解婴幼儿动作发展的阶段性特征，能够以科学合理的手段适时适宜地引导婴幼儿在活动中的发展。

3.动作发展教育的促进与提升。

利用家庭延伸环节，提高家长与教师的合作成效，优势互补，通力合作，促进婴幼儿动作发展与提升。教师应根据婴幼儿的发展特点，依据活动目标与婴幼儿的个别化表现，针对性地提出适宜在家庭中开展的亲子互动的游戏化方案，促进2~3岁婴幼儿的发展。

案例：蹦蹦跳跳（视频4-2）

适用年龄：24~36个月婴幼儿

活动场地：早教中心/家庭

活动人数：6~8人左右（视实际情况酌情增减）

活动目标：

1.增强2~3岁婴幼儿的身体协调性。

2.锻炼2~3岁婴幼儿的双腿肌肉力量。

3.提高2~3岁婴幼儿的跳跃能力。

视频4-2

活动准备：音乐、体能圈（若干）、大龙球

活动过程：

1.活动导入

（1）引导婴幼儿整齐坐在教室内，师生问好；教师点名，互相认识。

（2）热身活动

跟随音乐围绕教室，走一走，跑一跑，跳一跳进行热身。引导婴幼儿在热身游戏的过程中充分活动身体，做好准备。

2.活动展开

（1）教师介绍活动内容及玩法，展示教具。

(2)将全部体能圈无间隔连接摆放成一排。教师进行动作示范。婴幼儿需要双脚依次跳过所有体能圈,跳完后再朝原方向跳回,全部结束后即任务完成。教师注意引导婴幼儿学习跳的动作并注意引导婴幼儿遵守规则。

(3)全部完成后提升难度,更换训练方法,按照1个大圈2个小圈的方式交替摆放体能圈。先双脚跳进,然后两只脚各跳进1个小圈内,跳完后再朝原方向跳回完成任务。教师进行示范。

(4)引导婴幼儿依次完成挑战,鼓励肯定婴幼儿的表现,并适时引导婴幼儿解决跳跃过程中遇到的困难。

3.活动结束:放松身体。训练完成后用大龙球按摩,放松婴幼儿的身体。

活动注意事项:

1.活动开始前要把教室内所有教具贴墙放好,以免发生磕碰。

2.训练进行时教师多进行鼓励,对于体能较差的婴幼儿要耐心等待其完成。

活动延伸:

家长可在婴幼儿跳跃时可及的地方悬挂一个玩具(气球或会弹跳的玩具),鼓励婴幼儿跳跃并伸手触摸该玩具。注意:悬挂物开始时挂得偏低一点,让婴幼儿容易触到;婴幼儿掌握了这一技能后,把悬挂物稍微挂高,鼓励婴幼儿利用自身的力量弹跳起来。

家园延伸中的注意事项:

1.如果婴幼儿不懂得掌握身体的力量,家长可先用双手扶着他的腋下,帮助他练习弹跳。

2.可通过跳床和床垫上跳跃来掌握弹跳。

3.给予鼓励和奖励来促进婴幼儿练习的兴趣。

任务评价

任务名称	评价内容	评价等级				
		优秀	良好	中等	合格	不合格
2～3岁婴幼儿动作发展活动设计	掌握2～3岁婴幼儿动作发展的具体内容					
	掌握2～3岁婴幼儿动作发展活动设计的原则					
	能针对2～3岁婴幼儿动作发展水平，科学合理地设计动作发展的亲子活动方案					
	能组织、实施2～3岁婴幼儿动作发展活动					

备注：请同学们根据自己对任务内容的掌握情况，在对应的等级打“√”。

推荐阅读

[1]文颐.婴幼儿早期教育指导课程(0–3)[M].北京：北京师范大学出版社，2012.

[2]夏莹.婴幼儿教育学[M].上海：复旦大学出版社，2021.

[3]曹桂莲.0–3岁儿童亲子活动设计与指导[M].上海：复旦大学出版社，2020.

[4]刘婷.0–3岁婴幼儿心理发展与教育[M].上海：华东师范大学出版社，2021.

任务三
2～3岁婴幼儿动作发展活动展示

任务描述

2～3岁婴幼儿动作的发展与体质增强、大脑发育、心理发展、认知、思维、语言及良好的个性品质形成有着密切的关系，与婴幼儿的身心健康息息相关。因此在2～3岁这个阶段重要的是通过活动直接地发展婴幼儿身体运动智能，并在此基础上促进2～3岁婴幼儿的全面发展。

任务准备

1. 实训室：婴幼儿感觉统合实训室。
2. 音视频素材：轻音乐、歌谣（《小火车》《猫捉老鼠》等）
3. 实操所需的玩教具（积木、细线珠子、沙包等）
4. 2～3岁婴幼儿动作发展的游戏及实操内容

操作流程

工作表单1

小组讨论

请小组讨论适合2～3岁婴幼儿动作发展的游戏，并记录在下表中。

月龄	粗大动作游戏	精细动作游戏
24～30		
24～30		
24～30		
24～30		
24～30		
24～30		
31～36		
31～36		
31～36		
31～36		
31～36		
31～36		

工作表单2

实操演练

小组根据表4-2和表4-3的操作提示，进行2～3岁婴幼儿动作发展活动操作展示，注意操作时的准确性。

表4-2　2～3岁婴幼儿粗大动作发展活动操作表

月龄	实操名称	操作要点
24～36	走的训练	1. 主要目标： 促进婴幼儿大脑神经系统发育，锻炼婴幼儿的平衡能力和协调能力，促进平衡感知觉和空间知觉的发展。 2. 操作要点： ①走曲线 带领婴幼儿，沿着画好的曲线行走，在行走过程中做一些简单的动作，如踮起脚尖走路，像小兔一样蹦蹦跳。 ②走“平衡木” 带领婴幼儿在平衡木上行走，让婴幼儿双眼目视前方，双臂平举，调整身体重心以此维持身体平衡，成人需要在旁边保护婴幼儿，做好防护措施。 ③踮起脚尖走路 让婴幼儿学习提起脚后跟，用脚尖走路，走路时尽量不要弄出声音来。
	跑的训练	1. 主要目标： 锻炼腿部肌肉力量，提高身体协调能力，提高婴幼儿的心肺能力，促进大脑神经系统的发育，为跳跃动作奠定基础。 2. 操作要点： ①你追我赶 可以和婴幼儿一起玩踩影子的游戏，成人在前面跑，让婴幼儿在后面追逐成人的影子，在此过程中，成人可以向不同方向闪躲，训练婴幼儿向特定方向和有目标的跑，可以控制跑和停，锻炼婴幼儿的平衡能力。 ②跑跑停停 在婴幼儿熟练掌握跑步动作技能的基础上，可以与婴幼儿玩“木头人”等游戏，比如对婴幼儿喊“开始跑”，等到婴幼儿跑出几步后喊“一二三停”，训练婴幼儿能跑、能停的平衡能力，通过反复练习，让婴幼儿逐步学会在停止跑之前先放慢速度，让身体站稳。

续表

<table>
<tr><th>月龄</th><th>实操名称</th><th>操作要点</th></tr>
<tr><td rowspan="2">24～36</td><td>跳的训练</td><td>1.主要目标：
通过有计划有目的地进行跳跃训练，锻炼腿部肌肉力量，让婴幼儿掌握平衡能力和协调配合能力，促进婴幼儿四肢骨骼发育，促进大脑运动中枢发展。
2.操作要点：
①双脚原地跳跃
在学习双脚原地跳跃之前，成人先做双脚起跳的动作给婴幼儿做示范，然后成人可以拉起婴幼儿的手，与婴幼儿面对面站立，与婴幼儿一起跳。要求为婴幼儿两脚并拢，膝盖微曲，双脚同时起跳，同时落地。
②单脚跳跃
在学习单脚跳跃之前，保证婴幼儿已经熟练掌握单脚站立这一基本动作的基础上，可以让婴幼儿玩“跳房子”的游戏，或者成人在地面上摆放一根笔直的绳子，让婴幼儿单脚跳过绳子。
③蹦跳摘水果
将各式各样的水果图片挂起来，婴幼儿通过跳跃才可以摘掉水果图片，成人先做示范，再让婴幼儿通过蹦跳将头顶的水果图片摘下来，成人应在一旁鼓励婴幼儿，和婴幼儿一起完成此游戏。</td></tr>
<tr><td>平衡、协调训练</td><td>1.主要目标：
保持身体平衡是婴幼儿进行走、跑、跳等粗大动作发展的基础，能促进婴幼儿神经系统功能完善以及各种动作技能协调发展。
2.操作要点：
①单脚站立
成人和婴幼儿一起玩“金鸡独立”的游戏，在学习之前，成人可以先做一示范，让婴幼儿抬起一只脚，膝盖保持屈曲状态，双臂平举保持身体平衡。婴幼儿在初学时，可以扶成人或身边可依靠的物体，待婴幼儿掌握以后，可以通过数数的方法比赛谁站得更久，以此锻炼婴幼儿的平衡能力。
②双脚交替下楼梯
成人和婴幼儿一同下楼梯。刚开始婴幼儿平衡能力有限，可以在一级台阶站稳后再向下迈步，待练习熟练后，婴幼儿可以自己扶住栏杆一只脚踏一个台阶，双脚交替下台阶，此时成人需要在旁边保护婴幼儿，注意安全，防止意外跌倒，以此锻炼婴幼儿的平衡能力。
③跨越障碍物
成人准备一个矮凳，让婴幼儿通过双脚跳跃跨过矮凳，随着婴幼儿协调能力的提高，可以增加矮凳的数量，让婴幼儿连续跨越障碍物，以此锻炼婴幼儿的协调能力。</td></tr>
</table>

续表

月龄	实操名称	操作要点
24～36	投掷训练	1. 主要目标： 通过练习投掷的动作，训练婴幼儿手臂以及腰部肌肉力量，提高动作的协调性和灵活性，同时可以促进婴幼儿注意力、观察力的发展，提高手眼协调能力和空间知觉能力。 2. 操作要点： ①扔沙包 准备呼啦圈一个、筐一个、100g重的沙包若干。成人示范，双手举沙包过肩，站在呼啦圈内将沙包投进筐。婴幼儿独立手握沙包，举手过肩，对准小筐，用力投掷。一开始婴幼儿无法把握投掷的方向，通过练习，手臂力量逐渐加强，对方向的把握力也在提高。 ②投篮 准备一只纸篓挂在门上或者墙上，高度略高于婴幼儿的身高，成人先做示范，双手将皮球投进纸篓之中。开始时可以让婴幼儿练习双手投篮，等熟悉动作以后，可尝试用单手投篮。
	钻爬、攀登训练	1. 主要目标： 锻炼婴幼儿手臂肌肉和腿部肌肉的力量，促进大脑皮层功能的完善，兴奋和抑制过程平衡的完善，以及视觉、前庭器官的协调控制发展能力，提高各种运动技能，为婴幼儿参加各种体育活动和掌握更复杂的动作打下良好的基础。 2. 操作要点： ①钻爬隧道 准备六个钻圈，两个钻圈之间相隔50厘米，可以摆成一条直线，也可以按照向左或向右摆放。可以让婴幼儿在钻圈内自由爬行，钻进钻出。 ②上攀登架 选择合适的活动场所，准备一个攀登架，让婴幼儿练习向上攀登。婴幼儿先双手抓紧第二级横杆，然后抬起一只脚踩在第一级横栏上，利用手臂抓握和脚蹬的力量，让另一只脚踩在第二级横栏上。等婴幼儿两只脚站稳以后，再向上攀登。在攀爬过程中，成人需要站在婴幼儿身边保护婴幼儿，防止意外跌落。 ③推小推车 婴幼儿双手撑地，成人平行抬起婴幼儿双脚，婴幼儿和成人一边念儿歌一边向前进。如果婴幼儿的肚子贴在地面，无法自主撑起，成人可一手托住婴幼儿的肚子，让婴幼儿感受成人传递过来的力量，另一手抓住婴幼儿的双腿，慢慢向前推，也可用语言鼓励婴幼儿自信地向前爬行。

表4-3　2~3岁婴幼儿精细动作发展活动操作表

月龄	实操名称	操作要点
24~36	串珠子	1. 主要目标： 锻炼婴幼儿手指和手腕的灵活性和稳定性，提高双手的协调性，培养婴幼儿的专注力。 2. 操作要点： 准备若干个大小不一的珠子，和软硬不同的绳子，训练婴幼儿把不同形状和颜色的珠子穿起来。串珠的难易程度依据绳子的粗细、软硬和珠子洞眼的大小来定。
	折纸	1. 主要目标： 锻炼婴幼儿手指和手腕的灵活性和稳定性，提高双手的协调性，培养婴幼儿的专注力。 2. 操作要点： 给婴幼儿提供A4纸若干张，先由成人做示范，婴幼儿利用手腕、手指的力量和双手协调能力进行简单的折纸，可以熟练折纸以后，让婴幼儿尝试折正方形、长方形等图形，保持纸张的边角整齐。
	绘画	1. 主要目标： 锻炼婴幼儿手指和手腕的灵活性和稳定性，提高双手及手眼的协调性，培养婴幼儿的专注力。 2. 操作要点： ①使用彩笔自由涂鸦 可以准备各种颜色的水彩笔和本子，让婴幼儿先学会握笔，等熟练后利用手腕和手指的力量，在本子上自由地涂抹绘画。 ②画出不同形状 成人先给婴幼儿示范在纸上画横线、竖线，要求线与线之间不能不交叉，可以轻度的歪斜及弯曲。待可以熟练地画横线竖线之后，婴幼儿可以模仿成人画圆圈以及十字。
	生活自理	1. 主要目标： 锻炼婴幼儿手指和手腕的灵活性和稳定性，提高双手及手眼的协调性，锻炼婴幼儿的自理能力。 1. 操作要点： ①解开、扣上扣子 准备一件有较大纽扣的衣服，成人示范解开纽扣、扣纽扣的动作，然后引导婴幼儿练习解开纽扣，等到婴幼儿动作熟练之后再练习扣纽扣。在此过程中需要婴幼儿的五根手指相互配合来完成。 ②使用筷子 在婴幼儿可以熟练地使用勺子的基础上，可以让婴幼儿练习使用筷子。准备一双筷子、一些方便夹起来的小物品和一个盘子，比如大枣、带壳的花生等。成人做示范，让婴幼儿将两根筷子分开，大拇指、食指和中指操纵一根会动的筷子，无名指、小拇指操纵另一根比较固定的筷子，夹起小物品放在盘子里。待婴幼儿练习熟练以后，可以让婴幼儿尝试夹起较小的质地偏硬的物品，比如黄豆、花生米等。 ③洗手 成人做示范，引导婴幼儿先将自己的袖子卷起，然后打开水龙头开关，冲手，抹肥皂，搓洗双手，再冲净双手，最后关掉水龙头。

续表

月龄	实操名称	操作要点
24～36	使用剪刀	1. 主要目标： 锻炼婴幼儿手指和手腕的灵活性和稳定性，提高双手及手眼的协调性，锻炼婴幼儿的自理能力。 2. 操作要点： ①使用剪刀练习剪纸 准备一沓厚度适宜的纸张和一个适合婴幼儿使用的剪刀，成人先做示范，婴幼儿操作时给予言语提示“张开、闭合”，注意在初学使用剪刀时不要求婴幼儿剪出图形。 ②剪出不同形状 待婴幼儿可以熟练使用剪刀后，可以尝试让婴幼儿剪直线。成人先在纸上画出一条直线，让婴幼儿沿着直线方向剪，等熟练以后，尝试让婴幼儿剪出不同形状，比如长方形、三角形等。

工作表单3

教师评价

教师根据学生的实操演练，按照下表的评价内容进行评价打分并填写评语。

姓名		班级		学号	
操作题目					
项目分数	评分标准				得分
工作准备（10分）	能正确介绍操作名称，提前准备好操作材料。（5分）				
	能正确阐述工作目标、适合年龄及注意事项。（5分）				
操作流程（50分）	操作过程无错误、手势正确无误。（20分）				
	普通话标准，声音洪亮，用语准确。（10分）				
	整个操作过程流畅、环节无遗漏。（15分）				
	教具回收，排放整齐。（5分）				
工作节奏（20分）	工作节奏适宜。（10分）				
	能和婴幼儿合理互动。（10分）				
仪表仪态（10分）	着装得体、大方，仪态优美，台风端正。（10分）				
表现效果（10分）	能熟练地完成操作演练，展现教师的职业素养。（10分）				
指导教师点评		总分			

任务分析

此次任务包括三项任务流程，需要学生提前查阅相关资料，并结合所示案例进行游戏活动设计，最后需要教师结合教学目标与内容，在学生现有基础之上将知识点进行梳理与补充，并进行讲解，以此提高学生理论知识与实践相结合的能力。

学习支持

2～3婴幼儿对生动、新奇及有趣的事物感兴趣，渴望探索，当婴幼儿进行运动发展训练时应设置趣味性较强的情景游戏。对2～3岁婴幼儿进行动作发展训练或进行教学活动方案设计时，可采用表4-4所示的游戏化教学方式进行设计与实操，以此来激发2～3岁婴幼儿运动的兴趣，促进婴幼儿运动能力的提高。

表4-4 适合2～3岁婴幼儿动作发展的游戏归纳表

动作类型	游戏名称	游戏操作要点
粗大动作发展	小松鼠过独木桥运松果	准备一个筐子，筐内装满松果，让婴幼儿在筐内装满松果，用手拎起盛满松果的筐子，从场地上放置的平衡板上走到场地对面，将松果倒入空的筐内。以此锻炼婴幼儿的手臂力量和平衡能力，提高手脚灵活性和协调性。
	小猴子摘香蕉	在树上或者竹竿上挂上香蕉道具，让婴幼儿充当小猴子摘取树上挂的香蕉并放进猴妈妈的框内。让婴幼儿举起右手，两腿微屈，用力向上跳起，如果婴幼儿可以碰到树上的香蕉，老师就奖励婴幼儿一根香蕉，放入筐内，并加以鼓励，以此锻炼婴幼儿的跳跃能力，发展婴幼儿的手、眼以及脚的动作协调能力。
	打保龄球	准备1个皮球和5个矿泉水瓶，5个矿泉水瓶一字排开，在距离矿泉水瓶2～3米的地面上画一条起跑线，婴幼儿把皮球放在起点的位置。成人发出口令“一、二、三，运球”，婴幼儿双手用力将球推向矿泉水瓶的位置，以此提高婴幼儿上肢的爆发力，提高手、眼、脚的协调能力。
	小火车过隧道	在地面上铺满软垫，让婴幼儿面对面站成两排，面对面的两个婴幼儿手拉手一起搭成一个隧道，分为隧道入口和出口。另外两个婴幼儿从入口先后进入隧道，穿过隧道后再手拉手组建新的隧道，其他婴幼儿继续进入隧道，重复此游戏。以此锻炼婴幼儿的钻爬能力，锻炼身体的柔韧性以及协调性。
	小兔子摘水果	在室外准备一个滑梯，让婴幼儿从入口处上楼梯，经过通道，在滑梯的顶端处准备一篮子水果，让婴幼儿每次取一个水果，然后从滑梯坐稳后，扶着滑梯，两腿并拢滑下来。此过程中需要成人的监护，以此锻炼婴幼儿的攀爬能力，培养婴幼儿的安全意识。
	小狗投篮	准备一些生活中的小物件，比如小积木、小纸团等，再准备一个篮子，放在婴幼儿稍近的位置，和婴幼儿一起往框里扔物品，看谁投得多，投得准。以此锻炼婴幼儿的投掷能力以及手眼协调能力。

续表

动作类型	游戏名称	游戏操作要点
粗大动作发展	小猫捉影子	在阳光好的室外，让两名婴幼儿一起玩捉影子游戏，一个婴幼儿在前面跑，另一个婴幼儿在后面追逐前一个婴幼儿并踩他的影子，前面的婴幼儿奔跑闪躲，在奔跑过程中注意避免相互碰撞。以此锻炼婴幼儿的大肌肉发展。
	小鹿走迷宫	在地面上画一条3米长的S线，告诉婴幼儿需要沿着S线行走才能走出迷宫，婴幼儿双手平举，沿着S线行走，走过S线之后，奖励婴幼儿每人一朵小红花，以此锻炼婴幼儿的平衡能力。
	小青蛙过河	让婴幼儿在起点处站成一排，向前双脚跳过荷叶，到达河的另一边，先到的婴幼儿为胜利者。以此锻炼婴幼儿双脚跳的能力。
	捉蜻蜓	准备玩具蜻蜓若干、竹竿、棉绳子，把玩具蜻蜓系挂在竹竿上，婴幼儿尝试踮脚用手捉蜻蜓，如果碰不到蜻蜓，就尝试双脚用力向上跳起，用手触碰蜻蜓，若碰到蜻蜓，教师就将这只蜻蜓给婴幼儿。以此锻炼婴幼儿上下肢的协调性，增强下肢的力量。
	斑马过马路	准备红、黄、绿三种不同颜色的卡片，带领婴幼儿跑到空旷的操场，老师举起红色卡片时，婴幼儿做等待姿势；老师举绿色卡片时，婴幼儿快速通过斑马线；婴幼儿根据老师举的卡片颜色判断前行还是停止。以此锻炼婴幼儿的大肌肉发展，提高跑和停的反应速度。
	钻山洞	准备轮胎若干个，一个轮胎平放于地面上，在轮胎上面再立起一个轮胎，让婴幼儿扶住竖立的轮胎，从轮胎中穿过，以此锻炼婴幼儿的钻爬能力。
	猫捉老鼠	准备若干个老鼠模型，成人亮出老鼠模型，让婴幼儿来捉老鼠，然后角色互换，婴幼儿亮出老鼠，让成人来捉老鼠，注意相互避让。以此锻炼婴幼儿的大肌肉力量和身体协调能力。
	小兔子拔萝卜	准备若干塑料圈，将塑料圈分两列以一定间隔摆放在地面上，把竹筐放在起点位置，把萝卜放在塑料圈的终点位置，引导婴幼儿从塑料圈中跳过去，采到萝卜后，再从另一列塑料圈跳回来，将萝卜放在竹筐内。以此锻炼婴幼儿的弹跳能力以及协调能力。
	闯关夺宝	准备小脚印贴纸，成人示范，引导婴幼儿沿着小脚印贴纸单脚跳，取得对面的宝藏，取得宝藏后给予鼓励。以此锻炼婴幼儿的平衡能力和协调能力。
精细动作发展	生活小能手：我会穿鞋子	成人引导婴幼儿学习穿鞋子的顺序和方法，鼓励婴幼儿在日常生活中自主完成系鞋带、穿鞋的小事。锻炼婴幼儿的独立性及双手协调能力。
	小小演奏师	成人提供简单易操作的奥尔夫打击乐器，比如：响板、沙锤等，播放动态欢快的音乐，引导婴幼儿跟随音乐打击响板或晃动沙锤。也可利用家中常见的物品，比如玻璃水杯、筷子等引导婴幼儿敲击，促进婴幼儿手部小肌肉动作发展。

续表

动作类型	游戏名称	游戏操作要点
精细动作发展	手工小能手：我会折纸	为婴幼儿提供彩纸，并给婴幼儿示范如何折纸，也可提供画好直线的纸，让婴幼儿沿着线折。两岁半以后，逐渐引导婴幼儿将纸折成三角形、正方形等，锻炼婴幼儿的手部精细动作。
	小小画家：填填涂涂	为婴幼儿提供画好的空白图案，比如：彩虹、花朵、小树、太阳等，让婴幼儿使用不同颜色的油画棒或马克笔进行填涂，为图案增色。
	夹运彩球	引导婴幼儿用筷子将小筐中的彩球一颗颗夹到另一个小筐里，完成运彩球的任务，锻炼手部精细动作和灵活能力。
	捏面团	准备好太空泥或者揉好的面团，成人先示范捏简单的动物造型，然后引导婴幼儿捏小动物造型，简单的小猪、小兔等。
	小蛇钻山洞	准备空隙较大的串珠，粘到KT板上，提供彩色丝线，引导婴幼儿将彩线穿过珠子，完成小蛇钻山洞的任务，注意引导婴幼儿依据规律穿线，不要缠绕在一起。
	彩色长桥拼一拼	成人提供彩色积木、色卡。当成人向婴幼儿出示某颜色色卡时，请婴幼儿将相同颜色的积木找出并平铺拼成一座长桥。
	种花小园丁	成人在纸上画出一定数量的不同颜色的小花，提供剪好的对应颜色数量的小花，请婴幼儿将剪好的小花与画纸上颜色相同的小花粘在一起。
	颜色配配对	成人在纸上画出多种颜色的点点，注意点点间隔，提供数量充足、颜色对应的彩色纸带，引导婴幼儿将相同颜色的点点用对应的彩纸带连接起来。
	蚂蚁运粮	准备一个装有大米的碗、一把小勺、一个空瓶，和婴幼儿一起做运大米的小游戏，引导婴幼儿用勺子将米粒从碗中运到空瓶中，争取快速而不洒落。
	拯救小红花	成人在纸上画一朵小红花，沿着花瓣在花的旁边画一个圆圈，给婴幼儿提供安全美工剪刀，请婴幼儿沿着圆圈剪，最后剪到小红花的花瓣处即为拯救成功。
	我爱吃水果	成人在纸板或KT板上画出婴幼儿喜欢吃的水果，剪下来后在水果上挖几个小孔，提供绳子，让婴幼儿在小孔之间随意穿线，所有小孔都穿过则代表吃到了水果。
	小小建筑师	准备好常见的小型彩色积木块，示范如何搭建大楼、大桥等，鼓励婴幼儿有目的地搭，大胆自由地搭，不做过多限制，发挥婴幼儿的创造性。

任务评价

任务名称	评价内容	评价等级				
		优秀	良好	中等	合格	不合格
2～3岁婴幼儿动作发展活动展示	掌握2～3岁婴幼儿动作发展的实操步骤					
	能够设计适宜2～3岁婴幼儿动作发展特点的游戏					
	能依据2～3岁婴幼儿动作发展活动方案，合作完成模拟实践活动，并进行反思评价					

备注：请同学们根据自己对任务内容的掌握情况，在对应的等级打“√”。

推荐阅读

[1]王明晖，刘凌，杨梅．婴幼儿亲子教育活动设计与案例精选[M]. 上海：复旦大学出版社，2017.

[2][美]琳达·杜威尔·沃森．婴幼儿和学步儿的课程与教学[M]. 苏贵民，陈晓霞译．北京：人民教育出版社，2009.

项目小结

本项目以2～3岁婴幼儿的动作发展为主要学习内容。通过学习，理解和掌握2～3岁婴幼儿粗大动作、精细动作发展的特点，理解动作发展教育要点，掌握粗大动作、精细动作发展训练要点，发展婴幼儿运动潜能，促进婴幼儿机体生长发育，提高其平衡、灵活、协调及控制能力，并促进婴幼儿身心发展。在活动中，教师应引导婴幼儿形成良好的运动习惯，促使婴幼儿感受运动的乐趣，同时能根据实际对2～3岁婴幼儿的动作发展进行科学指导和训练。

思考练习

参考答案

1. 利于2～3岁婴幼儿精细动作发展的运动游戏包括：（　　）。

A. 平衡木走一走　　B. 小小建筑师　　C. 捏面团　　D. 玩转大龙球

2. 请简述2–3岁婴幼儿动作发展教育要点

3. 讨论：2–3岁婴幼儿粗大动作发展中的平衡动作发展训练的目标和方法有哪些？

实践实训

针对2～3岁婴幼儿的特点设计一个粗大动作能力发展训练的游戏，应包括游戏名称、游戏目的、游戏时间、游戏方法、注意事项等。

项目五

婴幼儿动作发展评价

项目目标

1. 理解0～3岁婴幼儿动作发展评价的意义和原则，具备科学的儿童观和评价观。

2. 熟悉不同月龄段婴幼儿的动作发展目标和敏感期。

3. 掌握科学地评价0～3岁婴幼儿动作发展的要点和方法，能撰写评价方案和评价报告。

4. 具备团队合作能力与沟通表达能力，能与成人沟通，跟踪成人反馈，反思提升教学质量。

学习重难点

学习重点：

1. 掌握0～3岁婴幼儿动作观察评价的要点和方法，会撰写评价方案和评价报告。

2. 提高团队合作能力与沟通表达能力，跟踪成人反馈，反思提升教学质量。

学习难点：

熟悉各月龄段婴幼儿的动作发展目标和敏感期，根据发展阶段目标设计合理的评价方案，科学客观地对婴幼儿动作发展进行评价。

思维导图

- 婴幼儿动作发展评价
  - 任务一 分析婴幼儿动作发展观察评价的原则与方法
    - 婴幼儿动作发展评价的意义
    - 婴幼儿动作发展评价的原则
    - 婴幼儿动作发展评价的方法
  - 任务二 编写婴幼儿动作发展观察评价方案
    - 婴幼儿动作发展评价目标
    - 婴幼儿动作发展评价实施的基本过程
  - 任务三 评价婴幼儿动作发展，形成评价记录
    - 婴幼儿动作发展评价记录
    - 婴幼儿动作发展评价注意事项

任务一
分析婴幼儿动作发展观察评价的原则与方法

任务描述

动作发展与人各方面的发展密切相关，婴幼儿动作发展是评价婴幼儿生理和心理发展的重要指标之一，科学的评价能客观地反应婴幼儿动作发展的水平。

任务准备

1. 婴幼儿托育仿真实训室。
2. 不同评价方法的运用实例。

操作流程

工作表单 1
小组讨论

二抬四翻六会坐，七滚八爬周会走，婴幼儿动作发展体现其自上而下的规律。木木是个白白胖胖的小婴幼儿，4 个月的时候握持反射没有消失、不会伸手取物。5 个月的时候，父母发现木木身体较软，认为木木是缺钙，于是为木木补充钙片。10 个月时木木会爬了，爬的时候像小兔子一样蹦跳，去医院检查后确诊为脑瘫。小儿脑瘫，指胎儿和婴幼儿在发育过程中出现的非进行性脑损伤及缺陷造成的机体各方面的发育障碍，该病在我国具有较高的发病率，致残率可达到 42%～45%，脑瘫的最佳治疗时间是 6 个月，误诊、过度检查、盲目训练都会延误孩子的治疗时间。

阅读以上案例，讨论婴幼儿动作发展评价的内涵是什么？请结合案例分析婴幼儿动作发展评价的意义后，填写下表。

意义	举例说明

工作表单2

思考总结

近日，某机构在组织对婴幼儿大动作发展的评价，其中一个评价项目是观察评估婴幼儿能不能举手过肩抛球，对象是24个月的婴幼儿。苏老师与新来的李老师正在组织进行评价活动，整个评价过程中李老师对评价工具使用比较生疏，对于一些描述不断地请教苏老师。最终，两位老师对比评价结果，发现对部分婴幼儿评价结果不一致。

思考：婴幼儿动作发展评价应遵循哪些原则，才能获得一个真实的评价结果呢？

工作表单3

对比分析

婴幼儿动作发展评价的重要环节是选取合理的评价方法与评价工具，同时需要教师、家长等人员共同参与、配合。婴幼儿动作发展评价的主要方法有哪些？这些方法的优势是什么，在使用时要注意什么呢？请填写下表。

评价方法类型		内涵	步骤	优势	局限
观察法	参与式察法				
	非参与式察法				
调查法					
自然实验法					

任务分析

本任务包括三个流程，主要以小组讨论、头脑风暴的方式进行。在任务中，学生结合已有经验、搜集相关案例，分析婴幼儿动作发展评价的意义和原则，熟悉婴幼儿动作发展评价的基本方法，明确婴幼儿动作发展评价是基本的职业素养，为接下来婴幼儿动作发展评价方案编写做准备。

学习支持

一、婴幼儿动作发展评价的意义

(一)了解婴幼儿身体心理的发展水平

动作发展是人与客观环境相互作用的结果,动作发展与人的心理活动的发生发展密不可分。动作是婴幼儿认识世界的重要手段,是婴幼儿的认知、社会交往的起点,是解决问题的手段,在某种程度上标志着婴幼儿的心理发展水平。相较于婴幼儿其他心理活动而言,动作是外显的,可观察性高,因此,通过观察评价婴幼儿的动作发展水平可以帮助我们了解婴幼儿的其他心理活动水平。

(二)及时发现婴幼儿的生长发育问题

动作发展评价能够根据评价标准对婴幼儿的动作发展水平进行评定、评估,我们通过使用评估工具熟悉不同年龄、月龄阶段婴幼儿动作发展应达到的普遍标准,反观婴幼儿动作发展的实际情况,及时发现婴幼儿动作发展中所存在的问题,进行早期的支持与治疗,帮助婴幼儿恢复动作能力,预防因动作发育迟缓和发育障碍而可能产生的其他心理行为问题。

(三)促进婴幼儿全面健康发展

对婴幼儿动作发展水平的评价不仅能帮助我们了解婴幼儿动作发展的能力,还能依据婴幼儿动作发展评价的结果,进一步为成人和婴幼儿提供相关的咨询和指导,制订合理的动作训练方案、饮食作息等生活习惯计划,持续关注婴幼儿的动作发展的变化,帮助提高婴幼儿的运动能力、学习能力、自信心等,从而促进婴幼儿各方面的健康发展。

二、婴幼儿动作发展评价的原则

婴幼儿动作发展评价应遵循婴幼儿动作发展的特点和规律,按照一定的原则对婴幼儿动作发展进行观察与评价。

(一)客观性原则

婴幼儿动作发展评价应该立足于婴幼儿的实际生活,获取在自然状态下关于婴幼儿动作发展相关信息资料。从活动的环境来看,包括早教机构、托育机构、家庭等场所,最好由与婴幼儿熟悉的人员进行评价,以保证婴幼儿处于自然状态,从而获取真实的信息资料,获取客观的评价结果。

(二)系统性原则

应从评价内容、评价客体、评价主体等方面,系统地对婴幼儿动作发展进行评价。评价注重横向联系,关注婴幼儿的粗大动作和精细动作的发展,关注婴幼儿在其他领域的发展。评价客体综合全面,要考虑婴幼儿本身的年龄、体重、身高以及家庭教养方式等多重影响因素。评价主体多元化,建立成人、教师、婴幼儿保健医生等共同参与、综合评价的评价制度。

（三）发展性原则

婴幼儿动作发展评价是动态持续的过程。首先，婴幼儿动作发展评价的目的是为了了解婴幼儿的动作发展水平，以采取措施促进婴幼儿的综合发展。其次，婴幼儿动作发展水平会随着年龄的增长呈现连续性和阶段性，应关注婴幼儿动作纵向发展的顺序、速度、特点、倾向等。再次，婴幼儿的动作发展具有个别差异性，应将评价客体即多个同月龄婴幼儿进行横向对比，重视个性化动作发展方案的建立，促进每一个婴幼儿在原有的水平上有所发展。最后，对于婴幼儿的评价应具有科学性、教育性，绝不能以伤害婴幼儿为代价而获得评价结果。

（四）科学性原则

科学地评价可以获得有效的评价结果，评价的科学体现在评价环节的各个方面。第一，运用科学的评价方法和评价工具，符合婴幼儿的动作发展目标，具备实践性和操作性。第二，评价实施的科学性，制订合理的评价方案，正确使用评价工具。第三，多次评价。第四，评价结果分析利用的科学性。

三、婴幼儿动作发展评价的方法

（一）观察法

1.观察法的类型

观察法是研究者通过感官或一定的仪器设备，有目的、有计划、有准备地观察婴幼儿的心理和行为表现，并由此分析其心理发展的特征和规律的一种方法。这在婴幼儿动作发展评价中，是最直接有效的方法，主要为参与式观察法和非参与式观察法。在参与式观察中，观察者与婴幼儿一起活动，在密切接触和直接体验中倾听和观察婴幼儿的行为。这种观察的情境比较自然，观察者能够对婴幼儿的表现有具体的感性认识，并深入了解婴幼儿对自身行为意义的解释，但容易受观察者的主观情感影响，较为费时，对观察者的要求较高。非参与式观察是指在观察中作为旁观者进行记录，不易受主观情感影响，但观察难以深入。此外，根据观察本身的形式和观察使用的工具是否可以进行量化，观察法可以分为结构型观察和无结构型观察，如评估量表就是结构型观察。

2.观察法的实施过程

（1）观察准备

第一，确定观察对象的月龄、性别、身高、体重、气质类型、生活习惯等影响婴幼儿动作发展的因素。第二，确定观察内容和观察工具。第三，根据观察对象的一日活动流程，确定合理的观察时间，以保证观察对象处于自然、放松、舒适的状态。

(2)实施观察

根据观察的需要,确定在观察的过程中需不需要观察者参与活动,选择参与式观察或是非参与式观察。若采用非参与式观察,观察者无需干涉被观察者的行为,直至得到观察结果。若采用参与式观察,观察者可以通过调整自己的行为来影响婴幼儿的行为,以观察在成人的支持下,婴幼儿的动作发展水平。

(3)观察记录

做好详细记录,整理、分析、描述观察结果,得出结论。

(二)调查法

调查法是通过问卷或访谈等方法对婴幼儿心理活动进行有计划的、系统的间接了解和考察,并对收集到的资料进行统计分析或理论分析的一种评价方法。其中,婴幼儿动作发展评价最常用的方法是问卷调查法。问卷调查法是通过发放婴幼儿动作发展问卷,抚养人根据对婴幼儿的了解,如实地填写问卷,调查者再回收、整理、分析问卷的一种评价方法。所使用的问卷工具设计应符合要求、规范,并且可以量化处理。问卷应该目的明确、内容合理、表述规范、指导鲜明,避免言语的误导。在婴幼儿动作发展评价中,访谈法可以作为一种补充方法,有助于深入了解情况。调查法是从侧面了解事实,较为灵活,收集资料的速度较快,标准化程度高、成本低、省时省力是问卷调查的优点,但调查的科学与否取决于被调查者的合作态度和主观情感程度。如表5-1。

表5-1　8个月婴幼儿粗大动作发展调查问卷

问题	是	有时是	否
1. 当把婴幼儿放在地板上坐着时,他/她能用手撑着地面坐吗?	□	□	□
2. 婴幼儿面朝上躺着时,他/她能分别从左、右两侧翻身到趴在床上并将压在身体下的手臂抽出来吗?	□	□	□
3. 婴幼儿能做出用手和膝支撑身体的爬行姿势吗?	□	□	□
4. 当您抓着婴幼儿的双手帮他/她保持平衡时,他/她能承受自身的重量站直吗?	□	□	□

(三)自然实验法

自然实验法是创设一定的情境,不脱离婴幼儿日常生活,控制对婴幼儿动作发展的某些影响因素,从而对婴幼儿的动作发展进行记录的一种方法。首先,确定实验假设,设计实验方案,选择评价工具。其次,采用目的性或随机抽样选取被试。再次,控制无关因素干扰,提高评价的精准度。最后,实施实验方案,记录实验结果,这种方法可以适用于在教师专门创设的活动中进行。

资料链接

托育机构保育应遵循以下基本原则：

（一）尊重儿童。坚持儿童优先，保障儿童权利。尊重婴幼儿成长特点和规律，关注个体差异，促进每个婴幼儿全面发展。

（二）安全健康。最大限度地保护婴幼儿的安全和健康，切实做好托育机构的安全防护、营养膳食、疾病防控等工作。

（三）积极回应。提供支持性环境，敏感观察婴幼儿，理解其生理和心理需求，并及时给予积极适宜的回应。

（四）科学规范。按照国家和地方相关标准和规范，合理安排婴幼儿的生活和活动，满足婴幼儿生长发育的需要。。

——托育机构保育指导大纲（试行）

任务评价

任务名称	评价内容	评价等级				
		优秀	良好	中等	合格	不合格
分析婴幼儿动作发展观察评价的原则与方法	理解婴幼儿动作发展评价的基本原则和方法					
	对比、分析、反思不同方法之间的优势与局限性					
	形成科学的儿童观、评价观					
	热爱儿童、具备良好的职业情操，自觉维护婴幼儿与自身的合法权益					

备注：请同学们根据自己对任务内容的掌握情况，在对应的等级打“√”

推荐阅读

[1]张利洪．婴幼儿教育政策法规与职业道德[M].重庆：西南师范大学出版社，2018.

任务二

编写婴幼儿动作发展观察评价方案

任务描述

婴幼儿每天都处于不断的发展变化之中，熟悉不同月龄段婴幼儿动作发展的目标，能够帮助我们了解婴幼儿动作发展的一般水平。

任务准备

1. 婴幼儿托育仿真实训室。
2. 婴幼儿动作发展评价工具(量表、问卷等)。

操作流程

工作表单1

梳理评价目标

从进行粗大动作和精细动作时婴幼儿可以调动的身体部位来看，主要包括头、脖子、躯干、腿、胳膊、手等方面。请根据学习支持部分“一、0~3岁婴幼儿动作发展评价目标”中的评价目标表，任意选取感兴趣的2个连续月龄段，对婴幼儿动作发展要点、目标进行分析和解释，从动态发展的视角理清婴幼儿动作发展评价要点的趋势，填写下表。

月龄段	头和脖子	躯干	腿	胳膊	手	移动

注：可根据不同月龄的发展目标对表格进行调整。

工作表单1

设计评价方案

从学习支持中“一、0~3岁婴幼儿动作发展评价目标”部分任选一个月龄段中的几种动作，依据学习支持部分“二、婴幼儿动作发展评价实施的基本过程”部分，编写一个完整的婴幼儿动作发展评价方案。

班级		组		成员	
评价项目					
评价方案					

任务分析

任务二包括两个流程，主要以小组讨论与汇报的方式进行。在任务中，学生依据婴幼儿动作发展月龄段的纵向趋势，从婴幼儿动作可以调动的身体部位横向对比、纵向梳理婴幼儿动作发展的特点，分组设计婴幼儿动作发展评价方案。

学习支持

一、婴幼儿动作发展评价目标

观察者应提供适当的空间，让婴幼儿在想动时就能移动，除了成人支持下的一些目标，婴幼儿在自然状态下也能做出以下行为。观察者应确保婴幼儿的衣物不限制他们的活动，为婴幼儿提供安全的适当的材料和玩具，放在婴幼儿能够得着的地方。

（一）0～4个月

1.评价项目及目标

表5-2　0～4个月婴幼儿动作发展评价目标

姓名：　　　　出生日期：　　　　性别：　　　　实际年龄：

项目名称	第一次观察日期	精通程度	事例描述
反射 抓握反射 惊跳反射 强直反射	2021.12.01	S	举例：抓握反射已经完全消失。
头和脖子 转头 在支持下头能竖立 趴着时能稍稍抬起头 头转向两边和回到中间	2021.11.11	F	举例：仰卧时，观察者拿着玩具铃铛来回逗引，婴幼儿不能做出上下左右转头动作。
躯干 抬起胸部 在支持下坐着 试图自己站起来 抬起胸部和肩膀			
腿 翻身			
胳膊 随意移动 够物			
手 张开、合上 玩手			
眼手协调 朝物体移动胳膊，错过物体 伸手够物，抓住或错过物体	2021.12.06	S	举例：婴幼儿把彩色塑料手镯送到嘴巴里，过程缓慢，但很顺利。

注：精通程度填写F\A\S\O\R，F未完成，A基本完成，S熟练完成，O婴幼儿拒绝参与，且在平时的活动中养育人也未观察到，R婴幼儿拒绝参与，但在平时的活动中养育人能观察到。

2.评价情境及注意事项

竖抱时，观察婴幼儿的头能否竖直保持中间的位置并向四周张望，婴幼儿的头不向后仰或左右摇晃；仰卧时，用玩具逗引，观察婴幼儿的头能否随着看到的物品或听到的声音上下转动或左右转动；俯卧时，观察头部离开床面的角度、坚持的时间。婴幼儿清醒状态下，轻轻从指根到指尖抚摸婴幼儿的手背，让婴幼儿把小手张开，分别把不同质地的玩具放在婴幼儿手中，观察婴幼儿能否抓住它不让它掉下。让婴幼儿仰卧，将其两手放在胸前的位置，观察婴幼儿的双手能否相碰握在一起；能否将自己的手臂举到身体前面，把双手贴在自己脸前，注意并凝视自己的双手；能否玩弄自己的手和手指，并把手放到嘴里。

注意事项：玩具移动速度可根据婴幼儿转头动作的发展水平由慢到快，视野角度慢慢拓宽。使用的玩具手柄一定要光滑、粗细适中，以免损伤婴幼儿皮肤。选择在婴幼儿清醒状态下观察，注意婴幼儿衣着宽松，便于手臂活动。

（二）5～8个月

1.评价项目及目标

表5-3　5～8个月婴幼儿动作发展评价目标

姓名：　　　　出生日期：　　　　性别：　　　　实际年龄：

项目名称	第一次观察日期	精通程度	事例描述
头和脖子 独立抬起头 抬起头，维持在中线位置 在躺着、趴着和坐着时抬起头			
躯干 抬起胸部、肩膀；弓起背部、臀部 在支撑下坐着 可能试图自己站起来 如果让他躺着，没有机会坐起来，可能会大叫 依靠背部和前部坐在椅子上 短时间无支撑地坐着 移动自己呈坐姿			
腿 在平躺和趴着时能举起腿 从腹部到背部滚动站立时伸直腿 站着时跺脚的高度 从背部到腹部滚动 抬腿到手和膝盖的高度 在有支撑的情况下站起来 使自己呈站势			
胳膊 用视觉引导够、抓 扔物体			

续表

项目名称	第一次观察日期	精通程度	事例描述
手 用整个手和手指抓物体 使用拇指和食指 用一只手捡起物体,把它传到另只手上 双手使用物体 抓、放物体 丢物体			
移动 蹬地表移动 手和膝盖摇晃爬行 坐着时用腿拉、推自己			

注:精通程度填写F\A\S\O\R,F未完成,A基本完成,S熟练完成,O婴幼儿拒绝参与,且在平时的活动中养育人也未观察到,R婴幼儿拒绝参与,但在平时的活动中养育人能观察到。

2.评价情境及注意事项

(1)躯干和四肢。让婴幼儿仰卧,在婴幼儿胸部的上方出示玩具,观察婴幼儿上半身是否有意识地向玩具方向转动成侧卧姿势。上举的手臂和两腿是否弯曲并踢蹬借力,能否从仰卧位翻转成俯卧位,两手支撑并抬头抬胸。俯卧时观察婴幼儿臀部是否耸起,双膝是否弯曲。小腿能否抬离床面,两脚能否交替蠕动或互相玩弄。是否需要成人帮助从俯卧位翻转成仰卧位。观察婴幼儿坐时头部能否竖直竖稳,是否需要靠身旁的支撑物或借助双手支撑来维持身体平衡,身体能否挺直不会左右摇晃或向前后倾倒。

(2)手。在婴幼儿眼前吊一个玩具,观察婴幼儿眼睛能否随着玩具的移动;能否主动伸手抓住晃动的玩具,用单手还是双手,是整个手掌抓还是拇指和四个手指配合抓;能否用手较长时间把玩具抓在手中玩耍;能否用手腕自由摇动玩具发出响声。观察婴幼儿能否把盖在自己腹部的衣服或小毛毯等物品掀起来再盖在脸上;能否把蒙在脸上的薄布、手帕等物品迅速地拉开。

注意事项:婴幼儿的翻身动作是分阶段完成的,成人不宜过于着急,应积极鼓励并给予适当的帮助。婴幼儿坐时应注意安全保护,婴幼儿学坐时间不宜过长。成人可在婴幼儿床头悬挂一些玩具,鼓励伸手触摸感知、抓握并摇晃或挤压玩具,以促进婴幼儿手眼协调能力的发展。注意选择的手帕大小、厚薄要适宜。

（三）8-12个月

1.评价项目及目标

表5-4　8～12个月婴幼儿动作发展评价目标

姓名：　　　　出生日期：　　　　性别：　　　　实际年龄：

项目名称	第一次观察日期	精通程度	事例描述
躯干和腿 使身体呈坐姿 独自坐着 扶着家具或手站着 在没有帮助时站着 从站姿变成坐姿 蹲着和站着			
手 使用拇指和食指 使用拇指和其他两个指头 将双手放到身体中部 用手指戳 手里握着笔和蜡笔并使用它们 够、触摸、抚摸物体 用一只手握着物体，另一只手去够和探究 用较有力的手搭积木 脱衣服			
移动 爬行 向前迈步 爬台阶 斜向一边走 在帮助下走路 攀爬家具			

注：精通程度填写F\A\S\O\R，F未完成，A基本完成，S熟练完成，O婴幼儿拒绝参与，且在平时的活动中养育人也未观察到，R婴幼儿拒绝参与，但在平时的活动中养育人能观察到。

2.评价情境及注意事项

（1）躯干和腿。观察婴幼儿是否不用借助手的支撑就能维持坐时的身体平衡；观察婴幼儿能否在仰卧位基础上转到侧向坐起，是否能用一只手和髋部支撑身体将上半身抬起；观察婴幼儿能否从坐位翻转到仰卧位或俯卧位。从不同角度用玩具逗引婴幼儿，观察婴幼儿身体前倾或向左右方向自如转动上身，伸手够取玩具后能否借助手和脚的力量来移动身体位置而不摔倒；是否能扶着栏杆从站位有意识变成坐位。观察婴幼儿是否通过双手、大腿和膝盖的支持将身体撑起，胸部和腹部是否完全离开地面。

(2)移动。观察婴幼儿的双手和双腿能否轮流协调运动，带动身体向前移动，能否往前爬行。观察婴幼儿能否自己扶着栏杆站立，上身是否离开栏杆，身体是否晃动，能否抬起一只脚又放下而身体保持平衡；在靠近婴幼儿的地面上放一个玩具，观察婴幼儿能否用一只手扶栏杆，弯下身体用另一只手去拿玩具后再站起来。

(3)手。观察婴幼儿是否能够将积木从一只手换到另一只手，再拿第二块。观察婴幼儿是全手掌抓握还是拇指配合其他手指头抓握；让婴幼儿一手拿一个玩具，观察是否能在成人示范下对敲或者主动对敲及其熟练程度。拿一些小的物体让婴幼儿捏和举，观察婴幼儿是否能用拇指和弯曲的食指对捏，抓细小东西，并能准确放入嘴中，观察其他三个手指的伸展、弯曲状态以及动作是否协调迅速。

注意事项：提供平坦、无障碍的环境，坚固的桌椅。提供几种足够小的玩具、不同质地的物体、蜡笔等。注意婴幼儿坐的时间不宜太长，注重观察训练婴幼儿侧向坐起的能力。成人应时刻关注婴幼儿的动作，必要时帮助婴幼儿。

(四)12～18个月

1.评价项目及目标

表5-5　12～18个月婴幼儿定做发展评价目标

姓名：　　　　出生日期：　　　　性别：　　　　实际年龄：

项目名称	第一次观察日期	精通程度	事例描述
躯干 表现出活跃、精力旺盛，从一种活动换到另一种活动 能自己站起来			
手 用拇指对着其他手指 表现出用手的偏好 用手指指着 合手在手里交换物体 投掷物体 滚动物体、抓住物体			
手眼协调 够、准确地抓 乱涂乱画 帮助穿衣服、脱衣服			

续表

项目名称	第一次观察日期	精通程度	事例描述
移动 可能更喜欢爬，而不是走 独自行走 在帮助下爬上楼梯 在帮助下爬下楼梯 爬过物体			

注：精通程度填写F\A\S\O\R，F未完成，A基本完成，S熟练完成，O婴幼儿拒绝参与，且在平时的活动中养育人也未观察到，R婴幼儿拒绝参与，但在平时的活动中养育人能观察到。

2.评价情境及注意事项

（1）移动。观察婴幼儿是否行走自如并能绕过障碍物行走；能否拖着玩具前进、转弯和避让障碍物行走；能否抱着玩具或双手背在身后走；能否在走动中用手朝前用力抛球或抬起一只脚踢球而不摔倒；能否空身向后倒退走几步；观察婴幼儿走的速度，是否越走越快。观察婴幼儿是否手脚并用爬上梯，计算婴幼儿爬梯阶数；观察能否爬上沙发或大椅子并转身坐下；观察婴幼儿攀爬时手脚动作配合是否迅速、协调，是否用两只手扶栏上梯或下梯，双脚是否在同一阶梯上；能否用一只手牵大人，一手扶着栏杆跨上台阶。

（2）躯干。把玩具扔到地上，让婴幼儿弯腰捡起，观察婴幼儿是否需要用手支撑身体，或用手借助其他东西才能站起来，能否顺利把玩具捡起来后不摔倒，是否做到由蹲到站起来。

（3）手、眼协调。选择纸张较厚的纸板图书或布书，引导婴幼儿翻阅观察图书。观察婴幼儿能否用手指捻书页，用几个手指配合翻书，能否一页一页翻书，翻书动作是否熟练。观察婴幼儿用哪些手指配合拿取积木，是否需要在成人示范下搭高积木，能搭几块积木；能否在示范下把积木排成横队，排成的横队是否直的；能否在成人示范下把积木搭成物体，有哪些物体的形状。观察婴幼儿能否利用多个手指的配合拿好汤匙，能否利用手腕的力量舀起汤或饭菜，并把东西准确地送到自己的嘴里，无滴洒。

注意事项：提供低矮的攀爬设备、家具，提供扶手或成人用手支持，提供婴幼儿能抓住的无毒、安全的材料，如小玩具、蜡笔等。提供婴幼儿能扔东西的地方和目标，对婴幼儿提出合理的要求，在婴幼儿需要帮助时及时帮助，并给予及时的鼓励强化。

(五)18～24个月

1.评价项目及指标

表5-6 18～24个月婴幼儿动作发展评价目标

姓名: 出生日期: 性别: 实际年龄:

项目名称	第一次观察日期	精通程度	事例描述
胳膊 向着目标扔物体			
手 抓和释放物体 拉拉链 帮助保育者给自己穿衣服和脱衣服 涂画 转动手腕以转动物体 形成用右手或左手的习惯 翻书 用工具挖 用蜡笔或钢笔做个人的记号			
移动 向前走 向后走 斜向一边走 跑跑停停 用双脚跳 踢物体 扶着扶手上楼梯;扶着扶手下楼梯 在走路时推、拉物体 攀爬 骑自行车			

注:精通程度填写F\A\S\O\R,F未完成,A基本完成,S熟练完成,O婴幼儿拒绝参与,且在平时的活动中养育人也未观察到,R婴幼儿拒绝参与,但在平时的活动中养育人能观察到。

2.评价情境及注意事项

(1)移动:观察婴幼儿能否在跑动中通过扶物或拉着成人停下来;能否在跑动中控制自己逐渐放慢速度使自己停下来;跑动时膝关节是否弯曲,手臂前后摆动是否协调。观察婴幼儿能否用手扶着栏杆或扶着墙壁一阶一阶上楼梯,能否自己扶着栏杆熟练地上下楼梯,能否不扶栏杆自己走上楼梯,能否爬上70厘米左右的攀登架,能否独自爬下攀登架。成人示范双脚同时离地跳起,让婴幼儿模仿，观察婴幼儿是否有跳的意识；能否双脚同时离地，是否能连续跳起两次以上。

(2)手。观察婴幼儿能否利用多个手指的配合拿好汤匙，能否利用手腕的力量舀起汤或饭菜，并把东西准确地送到自己的嘴里，无滴洒。成人用蜡笔敲打出雨声，边念儿歌边涂鸦，鼓励婴幼儿模仿，观察婴幼儿能否用笔敲击，握笔挥动时能否挥动手臂，握笔涂鸦时能否小幅度划动。

注意事项：清理区域、玩具，提醒婴幼儿注意障碍物，提供平坦的跑的空间。在一个婴幼儿跳离地面时，请其他婴幼儿远离。如婴幼儿主动跳跃有困难，成人可拉着婴幼儿的手，跟着儿歌的节奏下蹲或跳起，也可扶着婴幼儿腋下，以近乎拥抱的方式帮助婴幼儿有规则起跳落下，掌握跳跃的动作。骑自行车时防范儿童的脚卷入轮子。允许婴幼儿用自己选择的那只手操作物体，倾听婴幼儿的表达。

(六)24~30个月

1.评价项目及指标

表5-7 24~30个月婴幼儿动作发展评价目标

姓名： 出生日期： 性别： 实际年龄：

项目名称	第一次观察日期	精通程度	事例描述
胳膊 扔、接			
手 触摸 拧 使用勺子 正在学习使用叉子、筷子 使用手指			
移动 腰部弯曲 攀爬 跳跃 单足站立			

注：精通程度填写F\A\S\O\R，F未完成，A基本完成，S熟练完成，O婴幼儿拒绝参与，且在平时的活动中养育人也未观察到，R婴幼儿拒绝参与，但在平时的活动中养育人能观察到。

2.评价情境及注意事项

(1)手。观察婴幼儿是否是拇指、食指、中指握笔，能否完成画圆、画线；能否画圆形图案；能否画两条直线；能否画出长度超过2.5厘米垂直线；能否画出两条相交的直线。选择不同大小的夹子，用夹子夹住纸条或纸杯，观察婴幼儿是单手捏夹子还是双手互相配合;是拇指食指对捏还是三个手指抓捏;能否把物品塞到夹子里,紧按不放夹牢物品。观察婴幼儿能否用拇指和食指捏住筷子,其他手指配合使用筷子;能否使用筷子将小积木夹到另一个盘子里,婴幼儿使用筷子时手指的动作是否协调。

注意事项:由于婴幼儿手指灵活性差,肌肉容易疲劳,注意对婴幼儿握笔动作进行指导,握笔时间不宜过长。大小不同的夹子张开时,对手指拿捏的力度要求不同,大小适中、较松的夹子容易获得成功;操作较大、较紧的夹子时,成人要给予适当的帮助和鼓励。刚开始让婴幼儿夹住方形物体、长形物体,再逐渐过渡到练习夹圆形物体。

(2)胳膊。让婴幼儿蹲下做好接球准备,观察婴幼儿能否熟练地接住并抱起从离他2米远滚来的球;能否预测球滚来的方向以调整自己的站位;能否接住滚来的球;是用手臂和胸腹部把球抱住还是用双手接球。

注意事项:为婴幼儿提供对着目标扔物体所需的空间,装饰目标。

(3)移动。观察婴幼儿能否在不扶着物体的情况下单脚站立2秒钟以上,身体是否摇晃;让婴幼儿在平衡木上走,观察能否走过16(宽)厘米×15(高)×200(长)厘米的平衡木,并不扶物跳下后站稳;能否双脚同时离地跳过15厘米线,保持身体平衡。成人示范不扶栏杆上下楼梯,观察婴幼儿能否在不扶栏杆的情况下稳定地上3级台阶;能否手捧球或拿玩具,两脚交替一步一级台阶走上楼。

注意事项:选择安全的材料和安全的高度,保持跳跃的地板或地面空间无其他物品。编制单脚站立的歌谣、歌曲,及时地鼓励婴幼儿。

(七)30~36个月

1.评价项目及指标

表5-8 30~36个月婴幼儿动作发展评价目标

姓名: 出生日期: 性别: 实际年龄:

项目名称	第一次观察日期	精通程度	事例描述
移动和协调 平稳地走路 跑 原地跳和向前跳 在帮助下自己穿、脱衣服 形成了用手习惯			

注:精通程度填写F\A\S\O\R,F未完成,A基本完成,S熟练完成,O婴幼儿拒绝参与,且在平时的活动中养育人也未观察到,R婴幼儿拒绝参与,但在平时的活动中养育人能观察到。

2.评价情境及注意事项

(1)移动和协调。成人可结合音乐制造不同的情境，让婴幼儿尝试连续双脚离地向前跳。观察婴幼儿双脚是否同时离地，是否同时落地，是否同时向上、向前跳；能否跳过间隔25～30厘米的“小河”；听到信号能否调整动作，能否跟着音乐节奏跳跃。用一个纸篓挂在门或墙上，高度略高于婴幼儿身高，成人示范把皮球投进纸篓，观察婴幼儿是单手投篮还是双手投篮，能否投中目标。

注意事项：“小河”的宽度可根据婴幼儿的能力逐渐加宽，成人要及时指导婴幼儿用正确的姿势起跳落地。在运动强度和密度设计上应考虑动静交替，让婴幼儿适当休息。投篮高度和距离可根据婴幼儿的身高和能力来调整，注意鼓励婴幼儿两手轮流投篮。

(2)手。选择适合婴幼儿阅读的书本，在陪伴婴幼儿阅读中提出问题，观察婴幼儿是否对问题有回应；能否一页一页w地翻书；用哪些手指参与翻书；是否有顺序地翻看。选择一张正方形纸张，示范简单的边与边对折，观察婴幼儿的完成情况。观察婴幼儿是否能正确使用剪刀，能剪出什么图形，动作是否熟练灵活。

注意事项：这个年龄段的婴幼儿可随手从任何一页开始翻阅，但是要注意挑选图书。对于页数较多、纸张较薄的图书，可以自制便于抓捏的标记并将其露在页面外面等。成人可采用抑扬顿挫的声音、丰富的表情、有趣的动作来激发婴幼儿阅读的兴趣，逐渐培养婴幼儿有次序一页一页翻书的习惯。

二、婴幼儿动作发展评价实施的基本过程

(一)明确评价目的

评价为婴幼儿后续的动作发展训练提供了重要信息，婴幼儿动作发展评价是在自然环境中进行的，是为了了解婴幼儿动作发展的水平和发展进程。婴幼儿各方面的发展具有不均衡性和个体差异性。婴幼儿动作发展评价表不是依据评价的指标，强制婴幼儿动作发展的常模标准。婴幼儿发展引导员或成人不能因为某个孩子一时不能完成量表中的某个指标就断言这个孩子发展有问题，从而给孩子贴上一个发展落后的标签。学习进程评价和心理行为诊断是两个不同范畴的问题，不可混淆。

(二)选择评价对象

早期教育机构、托育机构、家庭中的每个婴幼儿都需要被评价，所有评价项目的计划和实施皆源自评价者对婴幼儿的个人信息、家庭信息的了解。在进行评价之前，首先应确定评价对象，根据对评价对象已有的了解，从而确定观察的内容和方法。

(三)确定评价内容和方法

动作是婴幼儿较为外化的行为,婴幼儿动作发展每时每刻都处于变化之中。第一,确定评价内容。应根据婴幼儿的发展需要、评价的目的,确定评价的时间、空间、课程等,可以建立一个观察时间计划表,在某个时间单位内定期进行观察,如每天一次或者每月一次,即时间抽样。如我们评价婴幼儿的爬行行为,可以在一天内选择三个五分钟的时间段观察爬行行为。第二,确定评价方法。除了通过阶段性、非正式、正式的方式进行观察,还可以借助于成人提供的信息和家庭中自然观察到的婴幼儿行为,进行间接地评价。因此,在评价过程中我们可以了解多角度的信息,以观察法为主,结合调查法,还可以根据需要采用自然实验法。第三,选择合理的评价工具,最好既有程度的评定,也有动作发展的描述。

(四)编写评价方案

评价方案中可主要呈现以下几个方面的内容。

1.婴幼儿的信息。包括婴幼儿的姓名、性别、出生日期、月龄、家庭环境等。

2.评价的时间、空间环境。包括评价时选取的时间段、地点、周围物理环境设置等。

3.参与人员。包括一起活动的所有人,婴幼儿发展引导员、看护者、其他婴幼儿等。

4.评价的行为。首先要明确观察不同月龄段的婴幼儿的哪些重要行为,在一个观察周期中,将注意力集中于3~4种行为上。

5.评价工具。选择符合婴幼儿月龄发展特点和规律且操作性强的评价工具。

(六)训练评价人员,实施评价方案

评价过程对评价者的要求较高,尤其是使用观察法进行评价,要求观察者必须客观地对婴幼儿的行为进行观察。评价者应接受专业化的训练,熟练地使用评价工具,在刚开始联系时,尽可能地不与婴幼儿产生相互作用。在进行观察时,为婴幼儿创设一个积极的、充满选择的环境,在观察的过程中要做到眼中有孩子。若婴幼儿未表现出所要观察的行为或拒绝表现出观察的行为,观察者不应强制婴幼儿表现该行为,观察过程是非侵入性和非治疗性的。同时,对于需要家长支持和互动的某些行为,观察者应引导家长与婴幼儿良性互动,以便获得观察结果。

(七)评价记录,整理分析总结

从评价的过程看,评价内容应包括如何获取评价材料和以什么方式呈现观察结果两方面的内容,根据观察结果进行讨论分析,寻找促进婴幼儿发展的有效路径并逐步推广使用。

任务评价

任务名称	评价内容	评价等级				
		优秀	良好	中等	合格	不合格
编写婴幼儿动作发展观察评价方案	熟悉评价方案的基本结构和内容					
	能够横向和纵向梳理分析婴幼儿动作发展的规律					
	熟练撰写某月龄段婴幼儿动作评价方案					
	热爱儿童、具备良好的职业情操，自觉维护婴幼儿与自身的合法权益					

备注：请同学们根据自己对任务内容的掌握情况，在对应的等级打“√”

推荐阅读

[1]文颐．石贤磊.0–3岁婴幼儿核心能力与学习进程观察量表[M].成都：西南交通大学出版社，2017.

任务三

评价婴幼儿动作发展，形成评价记录

任务描述

婴幼儿动作发展评价的目的在于发挥出评价所得信息的最大功能。选择合理的记录方式能够帮助评价者记录到想要获得的信息。

任务准备

1. 婴幼儿托育仿真实训室，或者早教机构、托育机构。

2. 呈现可供学生评价的婴幼儿动作的图片、视频。

操作流程

工作表单1

小组汇报

将任务二中完成的婴幼儿动作发展评价方案，以分组汇报的形式在班级里进行分享，教师、小组之间提供优化建议，并记录在下表中，确保评价方案的可操作性。

组间建议：
教师建议：

工作表单2

小组操作

确认修改好的评价方案的可行性，在以下两种情境中选择实施评价方案。1. 拜访早期教育机构、托育机构；2. 在婴幼儿托育仿真实训室，对收集到的相应图片、视频中婴幼儿动作进行评价，也可通过组员扮演婴幼儿行为。在评价的过程中，组员将评价过程进行实录，为后续汇报做准备。

工作表单3

撰写汇报

依据评价方案和评价过程，整理评价记录，撰写评价报告，填写下表，并根据在本书“项目二、三、四”中所学的婴幼儿动作发展训练的内容，提出合理的保育实施建议，进行汇报分享。

班级		组		成员	
评价项目					
评价报告					

任务分析

任务三包括三个流程，主要以小组操作与汇报的方式进行。在任务中，学生与老师共同衡量婴幼儿动作发展评价方案的可行性后，在真实或模拟的环境中实施评价方案，记录评价过程和结果，结合已有经验促进婴幼儿的动作发展。

学习支持

一、婴幼儿动作发展评价记录

评价记录可以是暂时的，也可以是记录在档案中的，无论是正式还是非正式的评价，应明确的是，评价记录是用于促进婴幼儿动作后续发展的，包括与成人分享信息、计划接下来的课程等等。评价记录的方法主要有以下几种。

(一)日记描述法

以日记的形式来记录婴幼儿的动作和行为表现。日记描述法有两种形式：一是重点记录，记录婴幼儿动作发展过程中的一些具有里程碑的行为，或者一些新出现的行为。二是流水账型日记，就是简单地不加任何修饰地按照时间来记录婴幼儿的行为，可以是一个时间段内的，也可以是一天或者几天的行为。日记描述法的优点：对被观察对象的记录较为全面、详细，可以记录被观察对象在各个方面的发展情况，可以揭示被观察对象实际的动作发展、变化的过程，加深对被观察对象的认识。观察者在较长一段时间内进行追踪研究,能够揭示被观察对象动作发展各个阶段的情况。

(二)列清单法

根据婴幼儿的动作发展列出观察与评估的细目,并且标出“是”或“否”两种选择,根据观察、了解进行记录并判断,选择“是”或“否”并做出记号。在列清单法中,调查者可以通过一系列问题或陈述清单来指导新创意的开发方向,以保证创意集中于某一特定的领域。清单的形式和长度不受限制。列清单法能够直接呈现观察结构,记录方便,观察效率高。但对于婴幼儿的具体行为表现描述不够详细,后续难以结合事例进行分析。如表5-9。

表5-9 30~36个月婴幼儿大动作发展观察评价表(片段)

观察与评估项目	是	否
行走自如		
踢球时不摔倒		
绕障碍物行走		

(三)等级评定法

根据婴幼儿的动作表现制订等级评定表,观察者根据观察的实际需求进行全面的记录。为了避免误差的产生,观察者应当重复观察,保证记录结果的准确性、全面性和客观性。等级评定法要求观察者在观察的基础上,对行为或事件做出判断和评定。特性等级评定是在观察前先确定所要观察的内容,并按一定的标准将这些项目分为几个等级,观察时只注意观察对象的行为表现,观察后按特性为被观察者的动作表现评定等级。观察需要持续一段时间,在多次观察后做出评价。同时,需要根据选定的行为特性展开评价,然后根据婴幼儿的行为特性对照预定的行为特性做出等级评定,如表5-10。

表5-10 0~6个月婴幼儿动作发展观察记录表

月龄	项目	一级	二级	三级
1~2	追随玩具	眼睛和头同时转动	仅眼睛转动	不追视
3~4	俯卧抬头	俯卧抬头90度,前臂可以支撑,头平稳竖直	俯卧抬头45度,头能竖直但不稳	俯卧抬头可离开床面,在帮扶下可竖直
5~6	翻身动作	独立翻身动作连贯	在帮助下能翻身	不能翻身

(四)频率记录法

频率记录法是指对单位时间内婴幼儿行为发生的次数进行记录。如:婴幼儿每小时翻身次数;每天翻身次数;每周翻身次数等。对行为发生频率的记录,是建立在对行为发生次数进行观察的基础之上的。但与次数记录有所不同的是，频率的记录中每次观察持续的时间可以不同。当观察持续的时间固定不变时，可以直接报告每次观察到的行为发生的次数；当观察持续的时间不固定时，可以以每次行为发生的次数除以每次观察所持续的时间，得出行为发生的频率。这种记录方式的优点是将行为发生的次数转换成一种单位值，相对于次数数据，频率数据是可以进行相互比较。如表5-11。

表5-11　频率记录法(示例)

姓名:		观察者:	
环境:		日期:	
日期	观察周期	行为次数	发生频率
2020.01.04	30分钟	10	0.33/分钟
2020.01.05	20分钟	8	0.40/分钟
2020.01.06	15分钟	8	0.53/分钟

(五)实况详录法

实况详录法指在一段时间内(如1小时或半天)持续地尽可能详细地记录被观察对象所有的行为表现，包括与环境及他人的相互作用和互动。在使用实况详录法时，观察者无选择地记录被观察对象行为系列中的全部细节，获得对这些行为详细的、客观的描述，而不做主观推断、解释和评价，犹如描绘一幅反映现实情况的全景系列图。由于对详细记录的要求较高，一般难以做手工记录，所以较多地使用摄像技术将现场实况全部录下来，以后再做处理。如：将婴幼儿的一天的活动用视频记录下来，然后进行分析。

二、婴幼儿动作发展评价注意事项

记录时需要花费时间，所以要用很快、很容易就能写下的记录方式，机构记录时间最好统一格式，方便日后存档和查询。对于婴幼儿动作发展的评价记录具有机密性，应将文档保存在特定的位置。

对于观察到的内容的表述，以叙述的形式记下确切的行为、时间，尽可能少用评判性和评估性的词语。结合评价方案考虑，记录的报告中应呈现：时间、人物、地点、环境、活动、事件、行为、目的、情感等方面，也可呈现记录观察到的行为顺序、频数等内容。

评价指标不是教育活动本身。对于评价结果的使用，可以与该月龄婴幼儿的期望目标进行比较，分析评价结果与目标之间的差别，在后续的记录中形成变化趋势图。但是千万不能本末倒置，按评价工具中的指标对婴幼儿进行训练，或者按照某个“模子”去塑造所有婴幼儿。与成熟有关的指标需要等待婴幼儿成熟，在成熟过程中为其提供机会去诱导行为出现，与成熟无关的指标，才需要格外地教育帮助婴幼儿实现。

资料链接

科学家身上的一种精神是非常值得老师学习的。科学家在做研究时，再小的微粒也能引起他们的注意，生命的萌芽状态也能让他们全心去研究。在研究过程中，他们可以理性地抛弃感官上的错觉给研究带来的混淆作用，也可以做到防患于未然。老师要想做到这些，必须通过不断实践和长时间对生活中事物的细微观察。①

任务评价

任务名称	评价内容	评价等级				
		优秀	良好	中等	合格	不合格
评价婴幼儿动作发展，形成评价记录	掌握婴幼儿动作发展评价的一般流程					
	熟悉不同记录方法的主要内容					
	规范地应用评价方案对婴幼儿动作发展进行评价					
	撰写规范的评价报告，积极进行汇报和交流，反思提升					
	保护婴幼儿的隐私权					
	具备合作意识、团队精神、领导能力					

备注：请同学们根据自己对任务内容的掌握情况，在对应的等级打“√”

推荐阅读

[1][美]多萝西·H·科恩等．婴幼儿行为的观察与记录[M]．马燕，马希武译．北京：中国轻工业出版社，2021.

[2][美]沃伦．本特森．观察儿童——儿童行为观察记录指南[M]．于开莲，王银玲译．北京：人民教育出版社，2016.

① [意]蒙台梭利．儿童的自发成长[M]．李苙怡译．北京：北京理工大学出版社，2015.

项目小结

本项目主要通过小组任务的形式进行。学生通过讨论、操作、汇报的等方式，理解0～3岁婴幼儿动作发展评价的意义和原则，热爱婴幼儿，提升职业精神，熟悉不同月龄段婴幼儿的动作发展目标和敏感期。学生应掌握科学地评价0～3岁婴幼儿动作发展的要点和方法，能撰写评价方案和评价报告，在整个过程中提高团队合作能力与沟通表达能力。

思考练习

1.根据婴幼儿的动作发展列出观察与评估的细目，并且标出“是"或“否"两种选择根据观察、了解进行记录并判断，选择“是“或“否”并做出记号的记录方法是(　　)。

A.列清单法　　B.实况详录法　　C.频率记录法　　D.等级评定法

2.婴幼儿动作发展评价的原则有哪些?

3.评价方案方案的主要内容包括哪些?

4.论述婴幼儿动作发展那评价的基本流程。

参考答案

实践实训

选择2～3岁婴幼儿某一月龄段的某一类动作进行评价后，提出保育建议，并设计一个游戏活动。

项目六

婴幼儿动作发展障碍诊断与调适

项目目标

1. 理解动作发展障碍的概念。

2. 了解婴幼儿动作发展障碍的主要表现，掌握婴幼儿动作发展障碍的影响因素。

3. 能根据婴幼儿动作发展评定量表，对婴幼儿动作发展能力的不足进行相关矫正与调适。

学习重难点

学习重点：

1. 掌握动作发展障碍的主要表现，分析诊断婴幼儿动作障碍。

2. 能根据婴幼儿动作发展能力的不足进行相关矫正与调适。

学习难点：

熟悉婴幼儿动作发展评估量表，根据量表能对婴幼儿动作发展障碍进行分析诊断，并设计出适合婴幼儿动作障碍矫正和调适的具体活动。

思维导图

- 婴幼儿动作发展障碍诊断与调适
  - 任务一 婴幼儿动作发展障碍的含义和影响因素
    - 婴幼儿动作发展障碍的意义
    - 婴幼儿动作发展障碍的影响因素
  - 任务二 使用动作发展测评量表分析诊断婴幼儿动作发展障碍
    - 婴幼儿动作发展障碍的主要临床特点和诊断标准
    - 婴幼儿动作发展障碍诊断原则
  - 任务三 婴幼儿动作发展障碍的矫正与调适
    - 婴幼儿动作发展障碍的动作训练基本特点
    - 婴幼儿动作发展障碍的动作训练的具体方法

任务一

婴幼儿动作发展障碍的含义和影响因素

任务描述

婴幼儿动作发展是儿童早期发展的重要进程。科学研究表明，由于先天、环境和心理等诸多因素，使得婴幼儿在动作发展的快慢上存在个体差异。动作发展障碍将严重影响婴幼儿日后的生活和学习，因此及早发现影响婴幼儿动作发展障碍的因素，有利于婴幼儿更好地获得帮助，减少动作发展障碍所带来的影响。

任务准备

1. 利用网络或者参考书籍提前查阅相关资料，了解婴幼儿动作发展障碍的含义和影响因素。

2. 音视频素材：婴幼儿运动视频资料。

操作流程

工作表单 1

对比分析

案例一

婴幼儿已经7个月15天了，在心情好的时候可以发出连续的音节，眼睛有神，高兴的时候或见到熟悉的人会非常兴奋地蹬腿。在睡醒的时候精神状态良好，能够很好地进行左右追视。婴幼儿仰卧躺着的时候，身体会往两边侧翻；爬行时婴幼儿在俯卧位旋转，独坐的时候坐不稳，身体老向前倾，并会扑倒。婴幼儿在爬行抬头时，手不会主动伸出去抓玩具，而且成人发现，婴幼儿抱在手上时，喜欢贴在大人身上，但是身体可以竖起来。

案例二

视频 6-1

请扫描二维码观察婴幼儿的动作发展。

1. 小组讨论，以上两个案例中两个婴幼儿的动作发展特点是什么？哪个婴幼儿出现了动作发展障碍？并填写下表。

案例一	案例二

2. 请根据以上的案例，总结动作发展障碍的含义。

工作表单 2

分析总结

案例一

张女士怀孕已经35周，但是由于工作繁忙，工作压力较大，张女士常常熬夜，饮浓茶或者浓咖啡，而且一日三餐不定时，也没有什么营养。即使已经到了孕晚期，张女士依然没有选择请假待产。在上班过程中，肚子突然出现了阵痛以及羊水破裂的情况，同事将张女士送到了医院，但是由于胎儿出现了宫内缺氧的情况，婴幼儿出生后，医生诊断由于缺氧，可能会造成小脑的发育不良。

案例二

豆豆小朋友从小生活在一个严厉而专制的家庭环境中，当豆豆在生活中遇到困难时总会遭受来自父母的批评和指责，慢慢地豆豆变得越来越胆小，不敢大胆去做任何事情。所以在父母眼中豆豆就是一个笨小孩，做什么都不对，什么都不敢做。在这种恶性循环中，豆豆常常用笨拙的动作来掩盖自己恐惧、焦虑的情绪。而在生活中和其他小朋友的相处，也因为他的笨拙而遭受了同伴和他人的嘲弄或排斥，直接影响了豆豆的自尊心、自信心，心理上的变化阻碍了豆豆自我概念和社会性的正常发展，在心理障碍的环境中，使得豆豆原先动作笨拙的情况日益加剧，并有可能认为自己就是“很笨的孩子”，从而阻碍了豆豆正常的动作发展。

以小组为单位对资料进行分析，总结婴幼儿动作发展障碍的影响因素，并归纳填至下表。

婴幼儿动作发展障碍	影响因素

任务分析

此次任务共有两个流程，需要学生掌握婴幼儿动作发育的基本规律和发展特点，并对相关资料进行思考和研讨，分析婴幼儿动作发展障碍的含义和影响因素。最后教师在学生现有基础上选择或设计出旨在有效促进学生学习的教学措施。

学习支持

一、婴幼儿动作发展障碍的含义

（一）动作发展障碍的含义

婴幼儿动作发展障碍，亦称为发展性协调障碍（developmental coordination disorder,DCD），是指婴幼儿在智力正常且身体没有缺陷的情况下，虽然依照通常的神经系统检测标准，体力、感觉和协调能力均无异常表现，但是完成某种有目的的技能性动作的能力却存在障碍。

儿童动作协调问题在20世纪初就引起了研究者的注意。有学者把这些儿童称为“笨拙的”，他们有正常的智力，但动作技能存在障碍。有学者把某些学习障碍儿童表现出来的行为笨拙称为发展性失用症，认为这种障碍是动作计划和执行过程中表现出来的感觉统合失调。1994年在伦敦召开的学术会议上，统一将本病命名为发展性协调障碍，是由于运动能力的不足导致日常生活能力和学习能力受到影响的一种神经发育障碍性疾病。

二、婴幼儿动作发展障碍的影响因素

目前对于儿童动作协调障碍的病因尚不明确，但是通过大量研究和临床实践表明，导致婴幼儿动作发展障碍的原因是多种多样的，包括个体神经生理、孕产期的状态、环境和心理等诸多因素。

（一）神经生理因素[①]

研究者通过对神经生理学进行研究，应用视觉空间处理任务，通过影像学和神经生理学手段进行追踪检测，从而判断疾病的发生机制，目前关于动作障碍的发病机制主要有以下一些假说。

1.大脑皮层在发育障碍性疾病中最容易受损的部位，比其他脑组织发育成熟延迟。皮层结构损伤的儿童，其表现出的运动障碍与儿童的运动障碍也非常相似。因此，研究者多认为皮层是DCD儿童协调障碍的主要原因。

2.小脑具有若干最基本的运动功能，小脑的问题通常是动作障碍的重要神经生理因素。而额叶运动区和辅助运动区、小脑、脑干、神经节等部位的轻微损伤被认为是主要原因。在常见的动作障碍中，与小脑有关的症状包括震颤、大肌肉群精确性差异及手眼协调困难等。这些症状代表了一种轻度的小脑共济失调。

（二）孕产期状态

1.营养和生物因素。科学研究表明，母亲在孕期摄入的任何食物都会影响胎儿。这些影响是否有害以及是否产生持久的后果取决于各种情况，如：胎儿的状况、营养或药物滥用的程度、怀孕的周期以及其他的可能致畸效应。

2.孕期胎儿宫内窘迫史对儿童动作障碍存在影响。胎儿在宫内有缺氧征象危及胎儿健康和生命者称为胎儿宫内窘迫。有国外研究显示，个体在子宫内的缺氧史可造成小脑的发育不良，从而导致出生后的运动能力障碍。母亲如果在怀孕期间缺乏科学的运动，可能会给胎儿造成不良的体内环境，进而制约了胎儿动作的正常发展。[②]

（三）环境因素

1.周围环境因素。周围环境刺激会影响儿童动作的发展。在婴幼儿成长过程中，如果家庭或教育机构难以为婴幼儿提供丰富的社会刺激，就可能会影响到婴幼儿与环境的交互作用，进而影响其动作的发展。

2.家庭环境因素。有研究提示儿童的运动和认知障碍与家庭社会经济地位和家庭功能存在关联，家庭成员的个性特征、家庭的生活条件和生活方式、养育者的年龄都可能对儿童运动功能的发展产生影响。如儿童处于比较严厉的家庭或者生长环境中，有些儿童在没有达到父母的期望与要求而遭到斥责时，就会用动作笨拙来掩饰自己的恐惧、焦虑的情绪，并有可能认为自己就是“很笨的孩子”，从而阻碍儿童动作的正常发展。

（四）心理因素

在儿童的群体中，笨拙的动作可能会导致同伴的嘲笑或排斥，这会直接影响该儿童的自尊心和自信心，从而阻碍其自我概念和社会性的正常发展，进而

1.吴德，唐久来.发育性运动协调障碍的诊疗研究[J].中国康复医学杂志，2020，35(5)：513-516.

2.唐敏，李国祥.0-3岁婴幼儿动作发展与教育[M].上海：复旦大学出版社，2011.

又会导致儿童以消极的态度或情绪反作用于周围的同伴群体或者是他所处的环境。在这种恶性循环中,儿童原先的动作障碍可能会日益加剧,甚至有些动作发展障碍就是其心理障碍的副产品。

资料链接

高危儿为什么要早进行发育评估

高危儿的大脑在发育过程中易受如早产、窒息、黄疸等病理因素损害,引起运动、语言、智力、感觉统合等功能障碍,其出现异常的概率是正常婴幼儿的8~10倍。

因高危儿脑损伤受损的程度和面积不一,可能出现不同的发育障碍,常见的有:运动发育落后、精神发育迟滞、脑性瘫痪、认知障碍、视觉障碍、听觉障碍、语言障碍、吞咽功能障碍、平衡协调能力障碍、癫痫、行为异常等。

在婴幼儿出生后早期,由于运动功能未成熟,早期症状多不典型,有些儿童尤其是早产儿可出现暂时性的运动发育落后与停滞,一次检查不能全面测知其神经运动功能状况。另外,婴幼儿的异常姿势随着年龄增长易纠正困难,还易出现自卑、厌世等心理问题,增大治疗难度,也应在早期给予综合康复治疗,使其得到最大程度的肢体功能及心理情感的康复。

——成都市妇女儿童中心医院高危儿神经发育行为动态监测评估手册

学习评价

任务名称	评价内容	评价等级				
		优秀	良好	中等	合格	不合格
婴幼儿动作发展障碍的含义和影响因素	理解婴幼儿动作发展障碍的基本含义					
婴幼儿动作发展障碍的含义和影响因素	掌握婴幼儿动作发展障碍的影响因素					
	能对婴幼儿动作发展障碍进行初步分析					
	尊重婴幼儿的动作发展规律,具备科学求真精神					
	关爱婴幼儿、具备爱心、耐心和细心。					

备注:请同学们根据自己对任务内容的掌握情况,在对应的等级打"√"

推荐阅读

[1]王丹.婴幼儿心理学[M]重庆:西南师范大学出版社,2015.

任务二

使用动作发展测评量表分析诊断婴幼儿动作发展障碍

任务描述

了解婴幼儿动作发展障碍的诊断标准，可以对婴幼儿的动作发展做出客观而科学的评价。从婴幼儿动作发展的进程和治疗角度来看，使用科学的动作发展评定量表对婴幼儿动作发展进行诊断，通过测评结果，可以有效分析婴幼儿的动作发育情况，进而制订科学的，有针对性的康复训练方案。

任务准备

1.利用网络或者参考书籍提前查阅相关资料，了解四种常用的测评量表。

2.案例素材：婴幼儿运动障碍案例。

操作流程

工作表单1

讨论分析

婴幼儿动作发展障碍的成因和症状表现是多样且复杂的，所以对动作发展障碍的诊断也是一个复杂而又谨慎的过程。婴幼儿作为个体，在动作障碍的表现上都有各自不同的特点，也有程度上的轻重不同，但是作为婴幼儿教师，我们应该熟悉和了解婴幼儿动作发展的基本特点。

小组讨论：请对以上五个测评量表进行分析，找出测评量表主要从哪些方面对婴幼儿进行动作测评？

五个测评量表

婴幼儿动作发展测评量表	主要测评动作内容	
	丹佛发育筛查测验	
	格赛尔发展顺序量表	
	皮博迪运动发育量表	
	贝利婴幼儿发展量表	
	中国儿童发育量表	

工作表单2

分析诊断

天天小朋友已经3个月了，长得白白胖胖，眼睛又大又圆，看起来非常可爱。3个月的时候，妈妈发现在天天仰卧时，拉腕坐起头无法跟随，在俯卧位时，头也不能像其他小朋友一样抬头，只能下巴短暂离开床。到了4个月，妈妈或者爸爸只要呼喊她的名字，天天小朋友就会把头转向声源发出的地方，并且看着妈妈或者爸爸，有的时候爸爸一逗她，她还会高兴地笑出声音。爸爸妈妈都非常爱她。但是天天4个月后，双手常常握拳，没有抓东西的意识，不能将手伸入嘴巴，别的小朋友已经开始吮吸手指，可是天天还不会，父母只是觉得天天很乖，从不乱吃手。到了6个月时，父母就发现天天不能翻身和独坐片刻，也不会抓东西放到口中吮吸。7个月扶着天天站立的时候，两下肢过于挺直、不能负重，也不能独立坐直。到了8个月还不能双手扶站，最开始父母并没有把这些行为放在心上，到了18个月还不能独走的时候，天天的父母终于开始担心了，去医生那里寻求了专业指导。

讨论：请根据《中国儿童发育量表》（儿心量表），对案例中天天小朋友进行动作发展的观察和诊断，找到天天小朋友在动作发展过程中所出现的动作发展障碍，并填到下列表格中。

姓名	月龄	动作发展障碍的具体体现
天天		

任务分析

此次任务共有2个任务流程，需要学生通过婴幼儿动作发展障碍测评量表所涉及的内容，分析婴幼儿动作发展障碍在临床上的突出特点，找到婴幼儿动作发展障碍的主要特点，对测评量表进行深入研究和了解之后，为诊断分析婴幼儿动作发展障碍打下坚实的基础。最后教师可在学生现有基础上充分运用教学案例，有效促进学生使用动作发展测评量表，分析诊断婴幼儿动作障碍。

学习支持

一、婴幼儿动作发展障碍的主要临床特点和诊断标准

（一）主要临床特点

婴幼儿动作发展障碍主要表现为个体在日常生活中，运动协调性的表现明显低于其智力和年龄的相应水平，如在具有里程碑性的运动能力爬、坐、走、跑、跳的行为上，运动能力显著落后，以及一些精细动作上能力不足，如常常掉东西、笨手笨脚等等。由于运动发展本身具有个体性，所以又呈现出运动发展障碍的表现是多样性的，程度也是轻重不一的。但是常见的主要特点表现在：运动技能获得困难；感觉运动协调障碍；姿势控制能力弱；处理问题的计划策略存在问题；视觉空间信息处理过程障碍等。还有许多动作障碍的儿童同时伴有注意缺陷多动综合征、学习障碍、言语与语言障碍，同时可能终身伴有情感、行为和社会交往障碍等症状。

（二）诊断标准

针对儿童动作技能发展方面的障碍，国际上通常是采用美国精神病诊断分类标准：1.运动协调能力低于年龄和智力测量的结果，可能有显著的运动发育里程碑落后（如行走、抓握、坐着玩、运动表现差，书写能力弱）；2.运动协调能力不足显著地影响了学习成就和日常生活；3.排除因为慢性疾病导致（如脑性瘫痪、双瘫或者脊髓性肌萎缩），也不符合广泛性发育障碍的标准；4.如果存在智力缺陷，运动困难的症状要显著高于通常情况下智力缺陷所应有的运动障碍。

二、婴幼儿动作发展障碍诊断原则

（一）客观性原则

在诊断婴幼儿动作发展障碍时，要注意信息来源的准确性和客观性。要避免在采取科学诊断方法之前就对诊断对象产生不正确的直觉判断，带上“有色”眼镜，用先入为主的观念对诊断对象展开判断，这些行为都会影响科学的诊断结果。因此为了做出科学的正确的诊断结果，我们应该保持客观性的原则。

（二）科学性原则

对婴幼儿进行动作发展障碍的诊断，应该具有科学的态度和积极的人文关怀。以严谨的科学态度开展诊断工作，测验应当有可接受的信度、效度，并经过标准化。在诊断过程中，保持积极的人文关怀，由于诊断个体在能力、兴趣和学习等方面存在广泛的差异，而动作技能及技能学习又具有具体性，而且诊断样本较小，那么诊断中对测试结果更应持有谨慎的态度。

（三）整体性原则

在动作发展障碍诊断过程中要运用系统论的观点，系统地多方面收集诊断

对象的各种信息，综合考量运动技能、神经生理学与心理功能测验结果上，从整体做出综合判断。

（四）教育性原则

动作发展障碍的诊断工作应该注意从教育和促进婴幼儿发展的角度进行，关注婴幼儿动作障碍的异常表现，有助于及时发现，早期干预，以达到帮助婴幼儿恢复正常或减轻症状，提高今后生存质量的目的。

（五）人文关怀性原则

在诊断过程中，无论是教育工作者还是医务工作者都应时刻保持人文关怀，不能用诊断的结果给婴幼儿贴上各种标签。创设一个积极的诊断和矫正环境，为每个婴幼儿提供身体和情感方面的安全保障，帮助每个儿童了解自己，接受自己，从而恢复正常或减轻症状。

中国儿童发育量表的修订

学习评价

任务名称	评价内容	评价等级				
		优秀	良好	中等	合格	不合格
分析诊断婴幼儿动作发展障碍	了解婴幼儿动作发展测评量表					
	掌握婴幼儿动作发展障碍的主要特点					
	能运用量表分析诊断婴幼儿动作发展障碍					
	尊重婴幼儿的动作发展规律，具备科学求真精神					

备注：请同学们根据自己对任务内容的掌握情况，在对应的等级打“√”

推荐阅读

[1]戴耀华，王书荃.玩出大能力：0–3 岁婴幼儿早期运动发展指南[M].北京：中国妇女出版社，2019.

任务三

婴幼儿动作发展障碍矫正与调适

任务描述

0～3岁是运动技能发展的主要阶段，其中0～1岁是婴幼儿粗大运动发展的重要时期，1～3岁是婴幼儿双手的精细运动发展的重要时期。因此使用科学的动作发展测评量表对婴幼儿动作发展障碍进行诊断并发现问题，可以有效分析婴幼儿的动作发育情况，进而制订科学的有针对性的康复训练方案，帮助婴幼儿动作发展障碍进行矫正与调适。

任务准备

1.婴幼儿早教实训室、仿真婴幼儿。

2.为4～8个月婴幼儿准备：明亮的会发声的玩具、泡沫球、线球做成的弹性手镯、泡沫玩具。

3.为12～18个月婴幼儿准备：可以拉的玩具、可以推的玩具、可以扔的软物体、积木、图画书和卡片、可以装进和取出物品的提桶、纸、无毒记号笔或者蜡笔。

4.为24～30个月婴幼儿准备：大木钉和木板、大的珠子和串绳、超轻泥、智力拼图、配对游戏、胶带。

5.婴幼儿动作发展障碍的案例三个。

操作流程

工作表单1

小组操作展示

佳佳四个月了，喝完奶以后愉悦地躺在床上玩耍，但是还不会翻身。这时妈妈把她放在俯卧位，她的头能够主动抬起60°左右，但是还不能灵活地向两侧转动、观看。将波浪鼓放在佳佳手中，她没有抓握意识。佳佳6个月大了，可是不能平稳地独坐片刻，但是在仰卧状态下能够翻身成俯卧位，手开始有了主动抓握的意识。到了8个月大，佳佳在家长仰卧拉坐的情况下，头部可以主动跟随了，也能在俯卧时主动抬头了，但是在爬行使用前臂支撑时，能向前腹爬，如果用肘支撑，下肢无交替动作。双手能够互换玩具，但是不能用拇指和其他指拿取较小的糖丸。

（一）小组任务：请根据《中国儿童发展量表》（儿心量表）中的具体指标，对案例中的婴幼儿进行动作发展障碍的分析，找出出现动作发展障碍的具体体现，填写下表。

<table>
<tr><td rowspan="2"></td><td rowspan="2">月龄</td><td colspan="2">动作发展障碍的具体体现</td></tr>
<tr><td>粗大动作</td><td>精细动作</td></tr>
<tr><td rowspan="6">佳佳
4～8个月</td><td></td><td colspan="2"></td></tr>
<tr><td></td><td colspan="2"></td></tr>
<tr><td></td><td colspan="2"></td></tr>
<tr><td></td><td colspan="2"></td></tr>
<tr><td></td><td colspan="2"></td></tr>
<tr><td></td><td colspan="2"></td></tr>
</table>

（二）小组任务：根据上表，任选一个月龄利用提供的教具设计动作障碍训练的具体方法，填写下表，并分小组进行操作展示。

<table>
<tr><td rowspan="3"></td><td rowspan="3">月龄</td><td colspan="4">动作发展障碍训练的具体方法</td></tr>
<tr><td colspan="2">粗大动作</td><td colspan="2">精细动作</td></tr>
<tr><td>材料</td><td>训练具体方法</td><td>材料</td><td>训练具体方法</td></tr>
<tr><td rowspan="6">佳佳
4～8个月</td><td></td><td></td><td></td><td></td><td></td></tr>
<tr><td></td><td></td><td></td><td></td><td></td></tr>
<tr><td></td><td></td><td></td><td></td><td></td></tr>
<tr><td></td><td></td><td></td><td></td><td></td></tr>
<tr><td></td><td></td><td></td><td></td><td></td></tr>
<tr><td></td><td></td><td></td><td></td><td></td></tr>
</table>

工作表单2

小组操作展示

布布小朋友12个月了，他可以自己独立坐着，并且从俯卧状态转向坐位，但是扶着物体才能侧向行数步，妈妈牵拉着两只手才能前行数步，但是独立站稳还是稍显困难，如果扶着可以推拉的小车，布布可以自己走两三步。到了16个月，布布喜欢用手抓握小糖丸放进小瓶里，但是失败的时候较多，搭积木还不能够成功，布布可以独立行走了，但是还有些蹒跚，上下楼梯时还比较困难。玩玩具时也会将玩具丢出去，但是不能过肩丢玩具，也不能把玩具丢离身体较远。能够用全掌握住笔，但是还不会在纸上乱涂。到了18个月，布布能自我喂食了，但是不能完全喂进嘴；拇食指能够捏取小丸放进瓶里；能够独自站立了，但是要扶着上楼梯；能够搭两层积木了。

（一）小组任务：请根据《中国儿童发展量表》（儿心量表）对案例中的婴幼儿进行动作发展障碍的分析，找出出现的动作发展障碍，填写下表。

	月龄	动作发展障碍的具体体现	
		粗大动作	精细动作
布布 12～18 个月			

（二）小组任务：根据上表，任选一个月龄利用提供的教具设计动作障碍训练的具体方法，填写下表，并分小组进行操作展示。

	月龄	动作发展障碍训练的具体方法			
		粗大动作		精细动作	
		材料	训练具体方法	材料	训练具体方法
布布 12～18 个月					

工作表单3

小组操作展示

24个月的贝贝小朋友自己坐在垫子上，手里拿着图册，双手交替翻弄，但是不能做到翻页。过了一会儿她又拿起了一支笔，用全掌握住笔在纸上乱涂乱画。这个时候妈妈叫她过去吃水果，贝贝自己独立从坐位变成了站立，向妈妈走了过去，妈妈说："宝宝，跑过来。"可是，贝贝只能向前跑数米。手里拿着玩具的时候贝贝能过肩把玩具丢远了，但是方向性不是很好。到了28个月，贝贝可以双足跳起，并且同时落地，会把放在脚前面的小球踢开。拿着小人书也能连续翻书3～4页，能够搭积木7～8层，不用妈妈扶的情况下能够独自上楼梯了。到了30个月，贝贝会倒退走几步，能够穿过扣眼拉线，但是还不能熟练地进行串珠，握笔能够画出2～3厘米的竖线了。

（一）小组任务：根据《中国儿童发展量表》（儿心量表）对案例中的婴幼儿进行动作发展障碍的分析，找出出现的动作发展障碍，填写下表。

	月龄	动作发展障碍的具体体现	
		粗大动作	精细动作
贝贝 24～30 个月			

（二）小组任务：请根据上表，任选一个月龄利用提供的教具设计动作障碍训练的具体方法，填写下表，并分小组进行操作展示。

	月龄	动作发展障碍训练的具体方法			
		粗大动作		精细动作	
		材料	训练具体方法	材料	训练具体方法
贝贝 24～30 个月					

任务分析

此次任务共有三个任务流程。三个任务年龄段选取了0～3岁婴幼儿典型动作发展节点。本次任务和上一部分的知识融会贯通，学生在任务练习过程中，首先使用动作发展量表对案例进行分析与诊断，其次再结合前面章节所学习的内容设计动作障碍训练的具体方法，逐步完成从理论学习到实际操作的全过程，最终达到提升专业技能的学习目标。

学习支持

一、婴幼儿动作发展障碍的动作训练基本特点

（一）动作障碍调适的意义

导致婴幼儿出现动作障碍的原因是多种多样的，但是运动发育迟缓常常是动作发展障碍的早期表现。成人可以通过对动作的能力发展进行观察，及早发现存在的问题，越早发现越早治疗，效果越好。0～3岁是运动技能发展的主要阶段，其中0～1岁是婴幼儿粗大运动发展的重要时期，从无意识的反射运动到

有意识的自主运动，每一个动作的发生发展都代表了婴幼儿神经系统以及自身运动发育的水平。1~2岁是婴幼儿粗大运动以及精细运动的发展阶段，2~3岁是婴幼儿粗大运动和精细运动能力形成的重要时期。粗大运动的训练可以使婴幼儿身体素质得到增强，提高生长发育水平，精细动作的训练可以促进婴幼儿大脑中枢神经系统发育，锻炼手眼协调能力。因此越早进行干预，重视不同时期婴幼儿的运动能力培养，进行该时期针对性的运动障碍调适，越能够更好地帮助婴幼儿恢复正常或减轻症状，提高今后生存质量。

（二）动作发展失调的表现

1. 粗大动作发展失调根据不同的年龄段主要表现为：较晚学会翻身、独坐和爬行，较晚学会走路；动作笨拙，容易绊倒；学习技巧性游戏或者活动比较困难。因此在进行动作障碍调适时应创设干净、安全且充满爱意的环境；满足并鼓励婴幼儿一切主动去尝试动作的欲望；根据年龄选择适当的运动玩具，以诱导婴幼儿进行粗大动作的训练。

2. 精细动作发展失调根据不同的年龄段主要表现为：手拿东西时，容易失手掉落；精细动作协调力差、视知觉判断力差、注意力分散。因此在进行动作障碍调适时应创设干净、安全而丰富的环境；为婴幼儿多提供触摸和探索的机会；让婴幼儿多尝试独立进行生活自理操作的活动，创设出充满爱意的环境。

（三）动作障碍调适中的心理支持

对不同年龄阶段的婴幼儿进行动作障碍调适训练之前，应该注意心理支持在动作障碍调适中的重要性。目前在大脑发展领域的研究表明，我们对儿童的态度和反应实际上决定了儿童的神经路径如何反应。好的或坏的，愉快的或悲伤的，积极的或消极的一切来自成人的态度都会给予婴幼儿的神经系统永久性的变化。所以无论是成人还是教师在动作障碍调适过程中都应对婴幼儿表现出积极的关注、赞赏和温暖。这种来自心底的人文关怀能够创造出无限的力量，帮助婴幼儿获得精神上的内驱力，克服困难，完成动作矫正的训练。在面对婴幼儿出现动作障碍时，作为成人往往会将所有的关注点放到这些问题上，从而放大这些问题，给自己制造出压力、焦虑、疲倦和倦怠的心理状态，而这样的消极行为也会转化到婴幼儿身上。所以在动作障碍调适的过程中，我们应该学会创造内心的平静，给予婴幼儿积极的鼓励、温柔的关怀和足够的耐心，真诚地赞赏，在爱和鼓励中帮助婴幼儿更好地进行动作障碍的调适。

不同年龄段婴幼儿动作矫正训练的建议如表6-1所示。

表6-1 不同年龄段婴幼儿动作训练指导建议

月龄	指导建议
0～4个月	(1)提供适当的空间、轻便舒适的衣裤。 (2)移动婴幼儿的姿势使之适合练习和发展肌肉控制。 (3)吃奶前一小时练习俯卧抬头,从半分钟开始逐渐延长时间。 (4)与婴幼儿互动,将自己作为刺激者。抓住婴幼儿的双手,缓慢地直立举起婴幼儿。 (5)轻轻举起婴幼儿的身体,将手指或者有响声的玩具放在婴幼儿的手掌里,抱着婴幼儿让她平静。 (6)用细柄玩具训练婴幼儿抓握。将手柄放在婴幼儿手里,帮助婴幼儿合上手。 (7)将玩具放在婴幼儿视线内并够得着的地方,练习够—抓—摸的行为。 (8)竖抱婴幼儿时支撑他的头部,训练头和脖子的发展。 (9)让婴幼儿躺着或者趴着,将柔软的填充玩具放在一边,吸引婴幼儿的注意,训练转头。 (10)将婴幼儿放成坐姿,用胳膊或枕头支撑头部和背部,尽可能延长婴幼儿坐着的时间,训练婴幼儿的躯干能力。 (11)准备一只手能够抓住的玩具,训练婴幼儿拇指和食指拿着物体并移动物体。
4～8个月	(1)在婴幼儿练习俯卧的基础上,让他用手支撑前身,使胸部抬起,提供婴幼儿能够安全环顾四周的空间。 (2)允许婴幼儿抬头,准备一些发声或闪光玩具放在婴幼儿床中央的上部。 (3)利用玩具培养婴幼儿翻身动作。 (4)训练婴幼儿抓握悬挂的玩具。 (5)握住婴幼儿双手把他拉坐起来,每日数次。 (6)提供枕头、坚固的物品让婴幼儿靠着。从靠坐逐渐锻炼到独坐。 (7)提供整洁的空间,可让婴幼儿四处滚动,努力用胳膊和腿支撑独自坐起来。 (8)训练婴幼儿站起来,但时间不长,成人扶着婴幼儿腋下,让婴幼儿在成人腿上练习弹跳。 (9)提供干净、安全的活动区域,让婴幼儿安全地站起来摇晃,然后蹒跚前行、扑倒。表扬婴幼儿成功地用手和膝盖。 (10)提供干净、安全的活动区域,将玩具放在稍微远离婴幼儿但又能够得着的地方,激励婴幼儿爬行。
8～12个月	(1)提供安全、平坦宽阔的地面,培养婴幼儿从扶站到独站,从站姿变成坐姿。 (2)提供无障碍的空间,与婴幼儿一起玩,鼓励爬行。轻轻地将玩具放在够不着的地方刺激婴幼儿爬行。 (3)让婴幼儿站在家具旁边走,从斜向一边扶着走,到握住婴幼儿的手(或双手)慢慢迈步或保持平衡。 (4)提供低矮的、坚固的家具,允许婴幼儿攀爬。因为婴幼儿不知道自己的身体占据多大的空间,所以会爬进不适合自己的区域,所以成人应观察、警告、在必要时帮助婴幼儿。 (5)提供足够小的物体(安全的)让婴幼儿用拇指和食指捏和举。 (6)提供枕头、球、小盒子等柔软的物体让婴幼儿用指头戳。 (7)提供积木,训练婴幼儿用较有力的手搭积木。 (8)提供蜡笔,鼓励婴幼儿握笔并使用它。

续表

月龄	指导建议
12~18个月	(1)提供婴幼儿能够安全站立的空间,鼓励他们自己站起来。 (2)多给婴幼儿提供走的机会,从扶东西走到牵着一只手走。 (3)提供扶手或伸出你的手,帮助婴幼儿上下楼梯。 (4)提供低矮的攀爬设备或家具,鼓励婴幼儿爬过物体。 (5)提供图画书,帮助婴幼儿练习用手指认的能力。 (6)提供球让婴幼儿练习扔、滚、踢等动作。 (7)提供蜡笔,引导婴幼儿用手抓握笔乱涂乱画。 (8)鼓励婴幼儿推着婴幼儿车或小竹车向前走,转弯。
18~24个月	(1)和婴幼儿一起玩耍,教婴幼儿练习退走、跑、上下台阶、扔球等基本动作,并做到及时鼓励与赞扬。 (2)提供积木和画笔,鼓励婴幼儿搭积木、拿笔画画等。 (3)提供低矮的盒子或者台阶,训练婴幼儿双足跳。提供婴幼儿能够踢球并且不会跑得太远的空间,鼓励婴幼儿用脚踢球。 (4)提供宽敞的空间,训练婴幼儿熟练地推拉物体。 (5)提供大拉链,训练婴幼儿拉拉链。 (6)提供能够拧和转的小物体,如广口瓶和旋上的盖子,训练婴幼儿增强手腕的灵活性。 (7)教婴幼儿做简单的模仿操。 (8)读书给婴幼儿听,并训练婴幼儿用手抓住书的右上角,将手移动到一页的中间,轻轻地翻页。
24~30个月	(1)提供安全宽阔的场地,让婴幼儿自己随意地跑、双脚跳、游戏,以发展基本动作。 (2)编制关于一只脚站立的歌谣或者歌曲,让婴幼儿一只脚站立几秒钟,表扬婴幼儿,鼓励他不断尝试。 (3)利用捡豆豆、用积木搭房子,来发展手的精细动作。 (4)锻炼婴幼儿独立上下楼梯。 (5)用不同质地的物体,如砂纸、皮毛、灯芯绒、鸡蛋、瓦楞纸、果汁罐头、有盖的罐子和罐头、大的塑料螺母和螺钉等做触摸盒。允许婴幼儿拿出物体摸和看。 (6)为婴幼儿提供大的纸袋或塑料盆当做目标,用线球、小球进行投掷,训练婴幼儿大肌肉的发展。 (7)创设婴幼儿可以跳上去的低矮物体,训练婴幼儿跳跃的能力。
30~36个月	(1)提供整洁安全的空间,训练婴幼儿走、跑、跳跃、攀登、钻爬、投掷等基本动作。 (2)教婴幼儿画画、折纸。例如学画简单人、房子、太阳、树、山等。 (3)创造条件让婴幼儿多骑小三轮车。 (4)向婴幼儿演示如何抓住纽扣和纽扣洞、拉链和衣服,给婴幼儿一些时间穿、脱衣服,训练手的精细运动。

二、婴幼儿动作发展障碍的动作训练的具体方法

在进行婴幼儿动作发展障碍的动作训练之前，首先要给婴幼儿创设一个和谐安全并且放松的环境，进行游戏性的照料和有针对性的干预，可避免紧张和焦虑的情绪。其次选择合适的训练工具帮助婴幼儿进行针对性训练。最后配合良好的家庭干预，帮助婴幼儿进行动作训练。在整个干预过程中，婴幼儿和父母在一起的时间最长，因此对于婴幼儿动作障碍的动作训练和发展来说，父母在其过程中对婴幼儿的任何行为，都能直接影响婴幼儿的感觉和运动的发展，所以成人必须掌握简单的干预方法。

（一）粗大动作训练

1.头颈部运动障碍训练

如图6-1所示，首先让婴幼儿取仰卧位在干净的地面或者床面，成人用双手扶住婴幼儿肩部或者轻轻握住其双手，使婴幼儿肩关节稍微屈曲内收，然后缓慢将婴幼儿从仰卧位拉起至45度时停留片刻，头部跟随身体向前移动，然后以语言或玩具诱导婴幼儿头颈主动屈曲。然后缓慢将婴幼儿放下至仰卧位，重复以上动作，训练婴幼儿头颈部的运动和肌肉控制。

图6-1　头颈部运动障碍训练

2.翻身动作障碍训练

如图6-2所示，首先让婴幼儿侧卧于巴氏球上，成人用手扶住婴幼儿的腿部和颈部，尽量保证婴幼儿颈部与躯干处于一条直线上，头部处于中立位，避免过度弯屈和伸长。巴氏球位于婴幼儿腋下，然后成人利用玩具作为视觉刺激诱导婴幼儿做颈部侧屈动作，帮助婴幼儿使翻身侧颈部的侧屈肌群能够得到充分拉伸，根据婴幼儿的完成情况，重复进行此练习，从而使婴幼儿学习翻身运动中的头部侧屈引导动作。

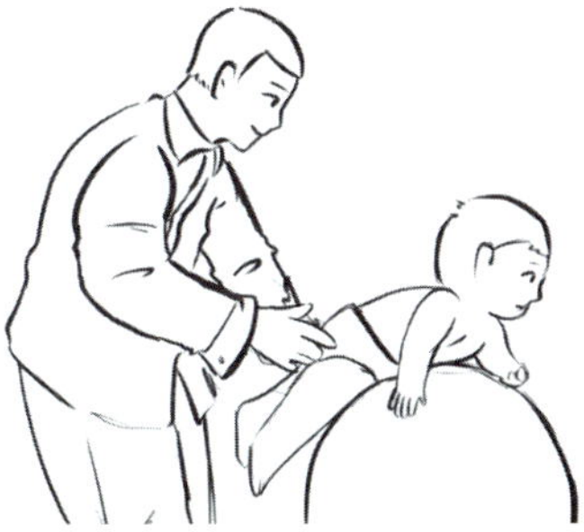

图6-2　翻身动作障碍训练

3.躯干伸展训练

如图6-3所示，首先让婴幼儿俯卧于巴氏球上，成人用双手放于婴幼儿髋部，以帮助婴幼儿起到稳定和保护的作用，然后另一位成人用玩具在正前方吸引婴幼儿，引导婴幼儿双上

图6-3　躯干伸展训练

肢用力支撑向前上方抓物，从而引导婴幼儿进行躯干伸展。这个动作类似“燕儿飞”的动作，能够很好地训练婴幼儿的躯干力量。根据婴幼儿的完成情况，重复进行此练习，达到躯干力量的发展。

4. 爬行障碍训练

如图 6–4 所示，成人将婴幼儿手肘、膝盖支撑于平坦的地面，成人位于婴幼儿后方，将双手放置于婴幼儿髋关节两侧，起到保护和支撑的作用，然后双手辅助婴幼儿进行前后、左右的重心转移训练，在婴幼儿感觉爬行困难时，成人的鼓励和双手的支撑，可以很好地为婴幼儿交互性四肢爬行运动做充分的准备。

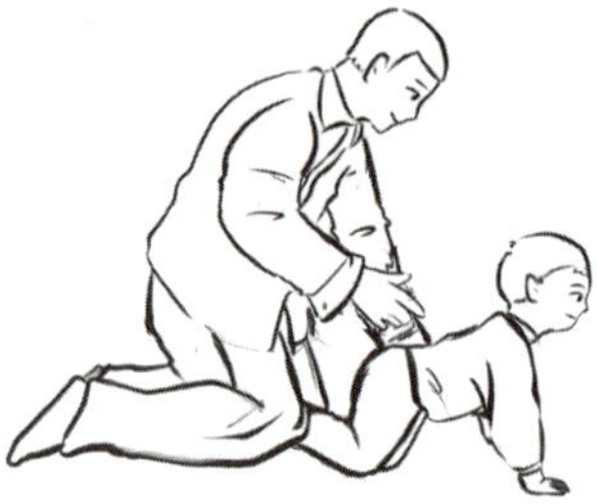

图 6–4　爬行障碍训练

5. 跪立障碍训练

如图 6–5 所示，当婴幼儿自行保持跪立位时，成人在婴幼儿身后起保护作用，双手扶住婴幼儿小腿，通过助行器或者悬吊系统的辅助，成人通过在上面摆放玩具，引导婴幼儿上身直立，双手靠在助行器或悬吊系统上，完成双膝跪立位行走的训练，锻炼婴幼儿的躯干核心力量和下肢支撑力量。

图 6–5　跪立障碍训练

6. 行走障碍训练

如图 6–6 所示，成人将婴幼儿放置于下肢康复机器人跑台上，穿戴好配套步行装置，然后根据婴幼儿情况，选择完全减重、部分减重或一侧减重，给婴幼儿输入正确步行模式，重塑力线，纠正异常步态，帮助婴幼儿学习、锻炼步行方式和下肢力量。

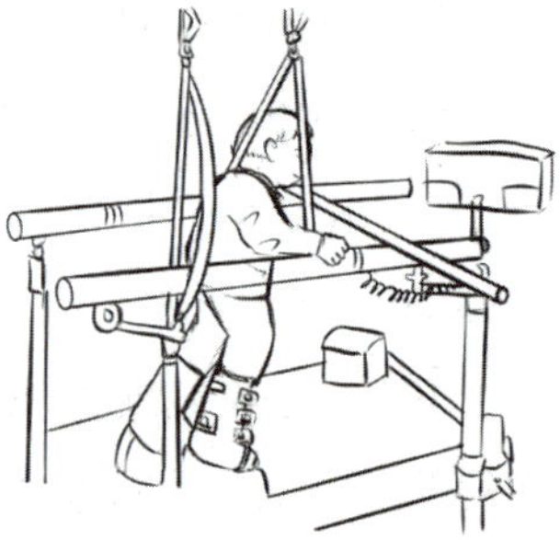

图 6–6　行走障碍训练

（二）精细动作训练

1. 上肢控制能力训练

婴幼儿在进行四点支撑位爬行时或高爬位，使肩、肘、腕关节处于一条直线上，成人将双手置于婴幼儿肩部，慢慢对上肢进行加压，然后根据婴幼儿的接受能力，逐步调整加压力度，但注意保证婴幼儿的身体安全。

2. 手的感知觉训练

（1）成人尽量选择多种材质，用粗布或刷子或搓澡巾擦、刷、搓婴幼儿前臂、手背及手指，让婴幼儿感受不同材质在手上的感觉，强化手的敏感程度，提升感知觉，在训练过程中成人一定注意力度，避免出现皮肤受伤，保证婴幼儿的身体安全。

（2）成人将婴幼儿手指放入各种不同的材质中，感受不同材质。如在橡皮泥中，让其用大拇指与其余手指将橡皮泥撑开；在沙子中，让婴幼儿伸入手指抓握细沙；在大米中，让婴幼儿伸入手指进行搅动。通过对不同材质的接触和练习，训练手指的力量，提升手指的感知觉。在训练过程中，成人注意防止婴幼儿误食训练材料。

（3）成人准备装有不同材质的多种容器，提供一些安全的小物体，如纽扣、橡皮、弹珠等，并将小物体埋藏在装有不同材质的容器中，然后让婴幼儿在装有不同材质的容器内寻找小物体，如在大米、豆子、沙子、面粉等中进行寻找。在训练过程中，成人注意防止婴幼儿误食训练材料。

3. 手抓放物体训练

（1）婴幼儿抓握物体困难时，成人可以将表面粗糙的长柱形物体放于其手掌内，便于婴幼儿抓握，然后引导婴幼儿手指弯曲，抓握物体，并保持拇指处于对掌位数秒钟，然后成人向上拉动物体或转动该物体，让婴幼儿紧紧握住物体，同时手指产生对抗。在这样一个过程中，刺激婴幼儿手抓握能力的产生，锻炼婴幼儿的手抓握能力。

（2）婴幼儿抓握物体后无法放开时，成人可以用指腹轻轻叩击婴幼儿手臂背部伸肌腱，然后成人再用指腹沿着其腕部向手指方向轻轻刷擦，并用语言引导婴幼儿将手打开，然后重复这个动作，训练婴幼儿手部的控制，锻炼婴幼儿手抓放物体的能力。

4. 手指分离训练

（1）准备大小不一的各种容器和弹珠、纽扣、蘑菇钉等小玩具，引导婴幼儿用食指和拇指捡拾弹珠、蘑菇钉、纽扣等小玩具，并将其放入合适的容器内。在训练过程中，成人应注意引导婴幼儿用正确的手指捡拾，并引导婴幼儿观察容器和小玩具之间的关系。

（2）准备色彩鲜艳、可以单指操作的玩具。引导婴幼儿使用单指进行操作，如按按钮、戳洞洞等。在训练过程中，成人应注意引导婴幼儿用适合的手指完成操作，提升手指的肌肉力量。

学习评价

任务名称	评价内容	评价等级				
		优秀	良好	中等	合格	不合格
婴幼儿动作发展障碍矫正与调适	掌握婴幼儿在不同阶段动作障碍调适的主要方法					
	能根据《中国儿童发展量表》对婴幼儿进行动作障碍分析					
	能根据不同的动作障碍设计训练调适					
	尊重婴幼儿的动作发展规律，具备科学求真精神					
	保护婴幼儿的隐私权					

备注：请同学们根据自己对任务内容的掌握情况，在对应的等级打“√”

项目小结

本章学习首先通过任务一对案例进行比较和分析，理解动作发展障碍的概念，了解动作发展障碍的临床特点，掌握婴幼儿动作发展障碍的主要表现。在此基础之上通过任务二了解国际上和中国常用的动作发展障碍的测量工具，并通过练习，熟悉中国常用的动作发展障碍评估工具。最后在任务三中使用测评量表分析婴幼儿动作发展障碍，并能根据婴幼儿动作发展障碍进行相关矫正训练。

参考答案

思考练习

1.造成婴幼儿动作发展障碍的因素有哪些？

2.0～3岁婴幼儿动作发展障碍的诊断原则有哪些？

3.0～3岁婴幼儿粗大动作发展障碍的训练调适方法有哪些？

实践实训

1.走进当地的婴幼儿动作发展障碍治疗机构，观察其中一位婴幼儿的动作表现，并进行动作障碍诊断。

2.为观察到的婴幼儿出现的动作障碍设计发展策略。

参考文献

[1]麦少美,唐敏.0–3岁婴幼儿动作发展与教育[M].上海:复旦大学出版社,2011.

[2]陈春梅.0–3岁儿童动作发展与训练[M].上海:复旦大学出版社,2014.

[3]严仲连.婴幼儿动作发展与训练[M].重庆:西南师范大学出版社,2021.

[4]周念丽.0–3岁儿童心理发展[M].上海:复旦大学出版社,2017.

[5]万湘佳,孙峰,林海玲.0–3岁婴幼儿保育与教育[M]北京:北京理工大学出版社,2018.

[6]李阳,赵燕.学前儿童发展心理学[M].上海:华东师范大学出版社,2008.

[7]王振宇.儿童心理发展理论[M].上海:华东师范大学出版社,2010.

[8]任芳,张劲松,贾美香.婴幼儿儿科症状检查表的信度和效度初步探讨[J].中国儿童保健杂志.2016,24(6).

[9]刘婷.0–3岁婴幼儿心理发展与教育[M].上海:华东师范大学出版社,2021.

[10]周念丽.0–3岁婴幼儿观察与评估[M].上海:华东师范大学出版社,2021.

[11][美]琳达·杜威尔·沃森.婴幼儿和学步儿的课程与教学[M].苏贵民,陈晓霞译.北京:人民教育出版社,2009.

[12]陈雅芳,刘婉萍.0–3岁儿童心理发展与潜能开发[M].上海:复旦大学出版社,2020.

[13]夏莹.婴幼儿教育学[M].上海:复旦大学出版社,2021.

[14]曹桂莲.0–3岁儿童亲子活动设计与指导[M].上海:复旦大学出版社,2020.

[15]邹玲.家庭中的0–3岁儿童亲子游戏设计[M].上海:上海交通大学出版社,2019.

[16]鲁鹏程.0–3岁敏感期教育方案设计[M].上海:华东师范大学出版社,2018.

[17]代娅丽，胡红梅．婴幼儿动作发展与训练．[M]．重庆：西南师范大学出版社，2021.

[18]文颐．石贤磊.0–3岁婴幼儿核心能力与学习进程观察量表[M]．成都：西南交通大学出版社，2017.

[19]唐敏．李国祥.0–3岁婴幼儿动作发展与教育[M]．上海：复旦大学出版社，2021.

[20]赵双迎．家庭因素对学龄前儿童粗大动作发展影响研究[J]．福建体育，2020（1）：1–4.

[21]张富洪，杨慧彤．学前儿童动作发展的家庭训练策略——基于《3–6岁儿童学习与发展指南》的视角[J]．教育导刊（下半月），2017（12）：1–3.